精英格斗术

曹茂恩 曹安铭 / 著

青岛出版集团 | 青岛出版社

图书在版编目(CIP)数据

精英格斗术 / 曹茂恩，曹安铭著. -- 青岛：青岛出版社，2022.12

ISBN 978-7-5736-0407-1

Ⅰ. ①精… Ⅱ. ①曹… ②曹… Ⅲ. ①格斗-基本知识 Ⅳ. ① G852.4

中国版本图书馆 CIP 数据核字 (2022) 第 187066 号

JINGYING GEDOU SHU

书　　名　精英格斗术

作　　者　曹茂恩 曹安铭

出版发行　青岛出版社

社　　址　青岛崂山区海尔路 182 号(266061)

本社网址　http://www.qdpub.com

邮购电话　0532-68068091

责任编辑　吴清波

特约编辑　陈淑真　李丹

装帧设计　胡晓健

照　　排　《Style 壹格調》杂志社

印　　刷　青岛国彩印刷股份有限公司

出版日期　2022 年 12 月第 1 版　2022 年 12 月第 1 次印刷

开　　本　32 开(890mm×1240mm)

印　　张　7.25

字　　数　300 千

书　　号　ISBN 978-7-5736-0407-1

定　　价　56.00 元

编校印装质量、盗版监督服务电话　4006532017　0532-68068050

《精英格斗术》编委会

精真披閣術

序

PREFACE

曹茂恩、李建平合影

我与曹茂恩先生相识近40年，每当各自执教的队员站在擂台两旁时，我们是对手，而在这寥寥数天之外，我们是相互激励、相互扶持的战友，不知不觉竟然就这样一路走到了古稀之年，算是一同见证了现代散打开枝散叶的全过程。

那些年，我们一南一北，见面大多在赛场或训练馆，即使有机会坐下来聊聊天，话题无外乎围绕着散打、队员、训练和比赛。现在回想起来，他的这一生几乎全部倾注在了散打这项运动上。

2021年底，收到为其遗作写序的邀请，我的内心五味杂陈。一方面，感叹还能有机会为老友做点什么；另一方面，又担心无法确切地描述曹老师为散打所做的贡献。以至于这样一篇短文，拖了5个月还未起笔。

2022年，冬奥会在我们的国家举行。我不了解冰雪运动，也没有参与过，但这并不影响我坐在电视机前做一名合格的观众。我惊叹着成立不过7年的队伍取得了奥运奖牌，不到20岁的运动员成为顶流偶像，那么多出生在海外的孩子们代表中国出征。中国的体育是真的站起来了！这种站起来，不是哪一个项目站上了最高领奖台，也不是哪一个运动员突破了历史，而是这种将不可能变为可能的精神在这个时代真正地开花结果了。我非常希望我的老友也能看到这一刻，感受一下最勇敢、最坚韧、最顽强的“中国体育”站起来的一刻。这一刻，我们这样的沧海一粟也是这份勇敢、坚韧、顽强中不可或缺的一份子。

曹老师与千千万万的教练员并无两样。那些电视上能看到的默默付出、无怨无悔、不求回报的教练是他，那些培育出冠军而被铭记、励志报国、传承奋斗的教练员也是他，“有名”或“无名”的英雄教练的故事，其实也是他的故事。

曹老师又与千千万万的教练员截然不同。从选择散打的那一刻起，他便明白这项运动要比其他运动艰难得多。这是一个刚刚从古老中华武术中演化而出的“新”的结合西方竞技体育特征与东方武艺文化精神的运动，说其前途未卜、困难重重丝毫不为过。没有哪个运动员不想成为英雄，没有哪个教练员不希望执教的队伍登上最瞩目的舞台，但他选择散打时，这一切都是未知的。散打能在中国发展起来吗？能吸引外国人关注吗？能进入奥运会吗？

前两个问题在包括曹老师在内的初代散打教练员、运动员以及管理人员的探索、探索、再探索之中收获了一个比较圆满的答案。那么，散打的根扎稳了吗？我可以肯定地说：“并没有。”

时至今日，散打的概念和内涵仍然被部分武术文化研究者质疑甚至否定，散打规则和技术的大方向还在不断修改、反复之中。因此，散打的从业者们依然任重而道远。

我相信，本书的读者中，必然会有能吃其苦、能承其重之人。我也希望，能有更多的人通过本书、通过曹老师的事迹来认识散打、了解散打，继而成为一名“散打人”。

中国泰拳集训队前总教练李建平

2022 年 2 月 18 日 于武汉

精兵搏鬥術

目　录

第三章　应用技术

第四章　专项素质训练

第五章　弘扬与传承

第一章 格斗概述

格斗是敌我攻防的一种技能，是利用身体的各个部位或辅助器械制服对手的一种技能。也可以说，格斗是一种综合搏斗技能。

格斗究竟产生于何时，这个问题无法详细查证，但自人类文明存在的那一天，人类就开始了与大自然以及人类自己之间的争斗。拳、腿、脚、各种工具等，都是人类用于攻击的武器。那时虽没人对此进行研究、整理，但人们潜意识中都清楚，只有强者才能生存！

到人类有史料记载时，部落、国家之间出现了战争，格斗技能开始受到重视。随着战争形式的演变，士兵的训练越来越严格，越来越系统，身体素质训练和格斗技能训练逐渐结合在一起，促进了格斗技能的全面发展。随着人类社会的发展、各种文明的不断进步，我们所讲的这种格斗技能也不断得以发展和完善。

第一节　格斗的技术特点与具备条件

一、格斗的技术特点

格斗是对抗性很强的技能，并且伤害性极大。它不同于竞技项目，受一定的规则限制。格斗胜利的结果可能就是让对方失去抵抗力甚至行动能力，它与一般的武术、搏击类技能有所不同。

武器不受限制

在格斗时，要求格斗者在近战、初战中充分利用身体的各个部位，如手、肘、脚、头、臂、膝、胯甚至牙齿等以及所能利用的武器，来击垮对方。在没有武器时，要避免被敌伤害，同时又要有效击敌要害，这就需充分发挥身体的作用，“远踢、近打、贴身摔”就是讲的这个意思。

动作迅猛，伤害性强

格斗时一般不会有太多的反应时间，多是突发性质的对抗，因此，动作大部分非常迅猛、凶狠。通常情况下，要连续击打敌人的一个或数个要害，如连续攻击敌头、颈、裆等部位，使敌瞬间丧失反抗能力，因此，人的反应力、灵敏度、爆发力及熟练程度等是能否克敌制胜的关键。

避敌锋芒，以巧制敌

格斗中应避免先敌而动或遭敌重击，主要攻击敌要害部位及关节，讲究进攻的效果。格斗多是通过击敌要害使其丧失反抗力后，控制住敌某一关节从而达到制敌的目的，即所谓“拿其一点，制其全身”。

动作简练，效果突出

格斗不像竞技比赛一样有充足的准备时间，多是“遭遇战”，往往一两个对抗动作就会分出胜负。因此，格斗所追求的是“一击得手”。

过程变化莫测

格斗时因双方都准备不足，所以能否获得预期的效果因人而异，往往反应快、动作熟练的一方能占得先机。另外，心理作用也很重要，遇突然打击时，是手足无措还是迅速做出反应，也会对格斗的结果有很大影响。

二、格斗时应具备的条件

格斗产生于人类生存的需要，如今已发展成一种综合性很强的对抗项目。但不是任何人都能很好地掌握它，要知道“冰冻三尺，非一日之寒”。练习者在格斗时应具备：

过硬的心理、冷静的头脑

在格斗中有时是自己先发制人，一击制敌；有时是受敌威胁，做出反抗。不管怎样，双方都会有身体接触、击打和冲撞，因此，只有具备过硬的心理素质、冷静的头脑，才能充分地发挥技能和体能，创造出克敌制胜的机会。

熟练的动作、协调的身体

格斗时没有过多的时间思考，往往是在出于本能的前提下做出动作。尤其是在遭遇战或受到袭击时，如果掌握了熟练的格斗技能，并灵活协调地加以运用，就能从容地应对遇到的各种情况，所谓“艺高人胆大”。

准确的判断、灵敏的反应

这是所有习武者都应具备的能力，练习格斗术也不例外。在格斗中，只有具备精确的判断能力才能抓住战机。包括判断对方的动机、距离、速度等，并依据自己的判断迅速做出相应的反应。

强健的身体、坚强的意志

与敌格斗，不仅仅是技术方面的较量，而且是身体极限与意志力的较量。与敌格斗时，既要控制敌人、制服敌人，同时还要避免敌人对自己的控制和伤害，这就需要我们有一个强健的体魄。即使身体条件与敌相当或弱于对方，也要有超过对方的意志力，因为在压力之下人的潜力是巨大的，丧失斗志才是格斗者的大忌。

第二节　格斗的基本原则与应用

一、格斗的基本原则

格斗练习应本着强身健体、防身自卫的目标

我们反对好勇斗狠，更反对利用所学去违法犯罪。另外，因有时格斗造成的后果较严重，所以练习者在练习时应注意加以控制。

一击得手后要迅速控制对方，使其丧失反抗能力

在格斗时，应当力争迅速有效地重创敌人，破坏对方的进攻能力，一击得手后，要迅速将对方控制住，防止对方缓过神来后进行还击。

动作应灵活多变，能应对各种可能的突发情况

在格斗中，动作不能一成不变，一旦攻击不能奏效，要根据情况灵活应对。比如攻击不到对方头部或一击不中，不能盲目往下做动作，否则会陷入被动局面。

控制敌方后，要能收发自如

控制对方后应停止攻击。但为了自身与其他人的安全，我们必须做到“控得死、制得牢”。要小心受控之敌的反击，不能麻痹大意，对所控之敌应做到“收发自如”。

二、格斗技能的应用

一提到格斗，人们多会想起电视上格斗训练的场面。在现实生活中，各国军、警为保证国家安全和维护社会治安的需要，确实都把格斗训练作为一项重要的训练科目，其应用也非常广泛。其实格斗练习并不是军、警的专利，广大的武术爱好者都可以练习，达到防身自卫的目的。格斗训练的作用主要体现在：

格斗技能训练是适应新的社会斗争形势的需要

世界各国常谈的一个重要话题就是“反恐”，这也是许多国家军、警人员的首要任务。我国也存在着少量犯罪集团和黑社会性质组织，直接危害人民生命和财产安全。他们的作案形式变化多端、手段凶残，给人民警察执行抓捕任务带来很大难度。这就要求我国人民警察必须掌握一定的格斗技能，灵活使用格斗战术打击敌人、制服罪犯。因此，格斗训练在保护人民生命财产安全、维护社会治安方面起着重要作用。

格斗技能训练是保护自己、制服对手的有效手段

据某电视台报道，北京一名出租车司机曾用熟练的背摔动作将一名持刀抢劫的歹徒制服。歹徒被审问时说：“要知道出租车司机如此厉害，说什么我也不会去抢他。”由此可见，掌握一定的格斗技能就能够避免受到伤害、保护自己。现在，我国公安、武警及部队大都进行了“擒敌技术”“擒敌拳”“防卫术”等格斗训练，这些格斗技巧在他们执行各种任务时发挥了巨大的威力。实践证明，在武器装备现代化的今天，格斗技能并没有过时。作为一种制敌的手段，它仍具有重要的使用价值。

格斗技能训练是培养顽强的意志品质和战斗精神的重要途径

在现代战争中，决定胜负的是人，这是战争的规律。同样，在格斗中决定结果的仍然是人，这是指人的因素起关键作用。坚强的意志品质、勇敢的战斗精神和不服输的性格都对格斗有很大影响。“温室里长不出盛开的花朵”，这些因素并不是天生的，只有在复杂、艰苦的环境下才能得到锻炼和培养。人只有经过系统的格斗技能练习才能敢于和对手搏斗，善于和对手搏斗。无论是作为执法人员，还是作为一名爱好者，格斗技能训练不仅能防身自卫、制服罪犯，还对个人的意志品质影响深远。

格斗技能训练是提高我军、警人员战斗力的重要方法

对单个军、警成员进行严格的格斗技能训练，可以培养其不怕苦、不怕死、机智灵活、主动配合的良好战斗作风。这对提高我公安干警、武警官兵及部队人员的战斗力，提高整个战斗集体的素质都有很大帮助。因此，在这些单位开展和推广搏击、格斗训练，不单是练练拳脚，简单掌握一些技能，更是通过格斗技能训练提高军、警人员战斗力，培养其英勇顽强作风。

第三节　进行格斗训练的意义

格斗的运动形式变化无穷，这要求格斗者能在较短的时间里正确了解和评估对手的情况，并做出相应的反应，用顽强的意志、熟练的技术动作和灵活的战术去战胜对手。因此，格斗技能训练对练习者的身体、心理锻炼都有着不可低估的作用。所以，不管是军、警人员还是搏击爱好者，都有必要加强这方面的训练。格斗训练的主要意义有：

提高人的速度

无论是击打对方，还是躲避对方的进攻，都需要反应速度，速度太慢就会处处受制于人，也就谈不上技术的发挥。可以说，速度是决定格斗双方胜负的关键。进行系统严格的训练，有助于提高人的思考能力和动作反应的速度。

增强人的力量

力量是决定格斗胜负的重要条件。很多格斗技能需要格斗者具备一定的力量基础。如果力量不足，就会处于被动境地。科学、持之以恒的格斗技能训练能有效地增强人体肌肉的力量。

促进人的敏捷性

在格斗过程中，双方技术、速度和力量基本相当的情况下，谁的神经系统反应更迅速、身体动作更敏捷，谁就能够掌握主动权，有效地攻击对方。格斗技能训练对动作的敏捷性有很高要求。因此，经常进行这方面的训练能提高练习者的敏捷性。我们这里谈的敏捷性，既包括身体敏捷性，也包括思维敏捷性。

改善人的心理健康

一些有心理压力的朋友，比如性格较内向、自信心不强或者心胸不够开阔，经过一段时间的练习，就会发现自己的性格有很大改变。这与格斗技能训练的特点及方法有很大关系。

总之，格斗技能训练对锻炼身体、培养意志、塑造性格、陶冶情操有着相当重要的意义。

第二章　格斗的基本技术

格斗的基本技术是克敌制胜的法宝，也是拓展技术的基础。只有熟练掌握基本技术、形成本能，才能在实战中有效运用。

第一节　格斗姿势

格斗姿势（简称格斗式）是准备格斗的基本姿势。它是根据人体运动的基本规律和搏击的特点，从实践经验中总结而成。格斗式的特点是：重心稳固、暴露面小、起动灵活、出击迅速，利于进攻和防守。只有熟练掌握正确的格斗式，才能使自己在搏击实战中处于主动地位。

一、基本姿势

身体各部位具体姿势如下文（左手、左脚在前为左格斗式，后面均以左格斗式为例）。

二、基本姿势的应用

在互相对峙中寻找战机，准备进攻或防守。在一次性或连续性进攻、防守或反击之后，都要保持格斗基本姿势。

根据每个人的特点，格斗式可高可低（运用膝关节的屈伸和收腹、含胸程度调整格斗式的高低）。高格斗式省力、进退方便，但身体重心不稳，暴露面大，不易防守。在调整体力、与对方对峙寻找战机或快速退守时，多采用高格斗式；在主动进攻或防守反击时，多采用低格斗式。

1

下肢姿势： 左脚向前一步，脚尖微内扣（约20度）；右脚尖外摆与正前方成45度；前后脚之间距离约一脚半，两脚内侧距离约半脚，两膝微屈；重心落于两腿之间。

上肢姿势： 两手握拳，左臂抬起，大小臂之间约90度，手与下颌同高，拳心斜向下；右臂弯曲小于90度，右手置于右胸前，拳心向里，小臂离开身体约5~10厘米；双手下垂护肋，手腕挺直。一般一手护内，一手护外。

躯干姿势： 左肩、左髋领先；上体微前倾；两肩下沉，含胸、收腹、敛臀；身体斜对目标。

头部姿势： 下颌内收，嘴唇闭合，牙齿咬紧；目视对方双肩，余光环视对方全身。（图1、图2）

2

第二节 攻击法

拳腿攻击组合要求动作正确、击打速度快、防守及时。拳腿攻击组合将单一的攻击动作加以组合，以便学习者练习。攻击组合多种多样，练习时要根据动作的用力特点和在实战中的适用性进行编排，遵循拳腿并用、左右交错、真假运用的原则。

拳腿在格斗中的应用非常频繁，有时一拳或一腿就能决定整个格斗的胜负。在搏击比赛中，时常出现一拳击中对手下颌，或一脚踢中其腹部，使对手倒地不起、不能再战的场面。但在实际的对敌格斗中，有一点与竞技搏击比赛不同，即可以攻击敌方要害部位。如动作运用得当，则一击必胜。下面将介绍几种攻击组合动作，以便于初学者练习。

一、拳法

3

4

5

1. 直拳

前手直拳，又称刺拳，由左手发起（反架为右手），左脚微微内旋带动身体向右侧拧转，转腰发力，送肩出拳，力达拳面，出拳时手臂内旋成一条直线，用拳锋击打对手下颚，随后立即收回。（图 3、图 4、图 5）

刺拳攻击可以作为一种迷惑对手的手段，干扰、分散对手的注意力，以便施以后手重击。刺拳在竞技比赛中也起到一定的得分和攻防转换作用。

6

7

后手直拳，作为一记重拳，由右手发起（反架为左手），右脚跟抬起，脚掌蹬地向内旋转，带动身体和腰部拧转，送肩出拳，将全身的力量集中在拳锋上，击打对手的下颚或腹部（击腹时身体重心下沉），同时前手收回，防守头部，以防对手进攻。击打后迅速收拳，恢复格斗式状态。（图 6、图 7）

相比刺拳，直拳的力量更大，能有效地打击和震慑对手。

8

9

10

2. 摆拳

左、右手都可以打出强有力的摆拳。左手摆拳进攻时，左脚掌内旋，拧腰转胯发力，带动肩关节翻转，大臂和小臂形成 90~110 度，拳心朝下，用拳锋击打对手下颚，同时右手护住头部，以防对手进攻，击打后迅速回到格斗式姿势。用右手摆拳进攻时，前脚上步，后脚跟步同时脚掌内旋，蹬地拧腰转胯发力，带动肩关节翻转，大臂和小臂形成 90 ~110 度，拳心朝下，用拳锋击打对手下颚，同时左手收回护住头部，以防对手进攻，击打后迅速回到格斗式姿势。（图 8、图 9、图 10、图 11、图 12）

当用摆拳攻击对手头部时，肩、肘和手腕要保持在同一水平线。

11

12

13

14

15

3. 勾拳

左右手均可打出强有力的勾拳。击打左勾拳时，应重心下沉，膝部弯曲，左脚向右侧旋转，蹬地转腰，配合左臂迅速落下，小臂弯曲成 90 度左右，手腕向内扣紧，拳心向内，力由下而上，用拳锋击打对手下颚或腹部。为加快出拳速度，保持隐蔽性，手臂下落时，肘部尽量不要超过腰部，同时也要注意防守。击打右勾拳时，重心下沉，右脚向左旋转，蹬地转腰发力出拳，同时收回左手防守，击打后迅速收回。（图 13、图 14、图 15、图 16、图 17、图 18）

16

17

18

⑲

⑳

㉑

㉒

4. 转身鞭拳

左脚斜前方上步，左手紧贴左侧头部防守，半转身拧腰发力，右手臂保持微微弯曲，打出右手鞭拳，用整个拳面击打对手，击打后原路收回。（图 19、图 20、图 21、图 22）

5. 组合拳

在实战中，根据不同情况，灵活运用以上 4 种拳法向对手发起组合式攻击。组合拳进攻应有变化，不能只攻击同一部位，要上下左右相结合，同时也要注意防护自己的要害部位。（图 23、图 24、图 25、图 26、图 27、图 28、图 29）

格斗通常发生在移动战中，所以，任何拳法都要配合娴熟的步伐。

23

24

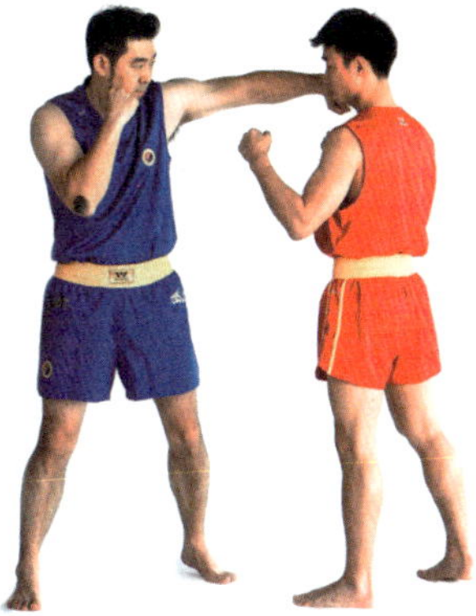
25

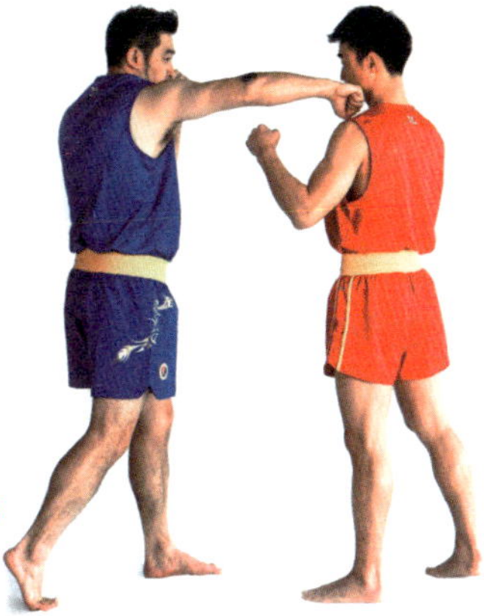
26

27

28

29

二、腿法

1. 鞭腿

又称扫踢。左右腿均可击出势大力沉的鞭腿。以右鞭腿为例，抬起右脚，以左支撑腿前脚掌为轴，脚跟离地外旋，配合身体左转，同时右腿小腿贴紧大腿，拧腰送胯发力，腿呈弧线向目标踢出，力达脚面和胫骨，左腿反之。（图 30、图 31、图 32、图 33、图 34）

扫腿的击打目标为敌大腿、两肋和头部，根据击打部位决定踢腿的高度和角度。

30

31

32

33

34

35　36　37

38　39　40　41

2. 蹬腿

以左腿为例，蹬腿时右脚撑地，将身体推前，同时抬左腿屈膝、提膝、送胯，发力蹬对方腹部、胸部或头部，力源于臀部和腰部。右蹬腿动作要领相同，抬右腿完成动作。在格斗中，前蹬腿通常用于阻止对手进攻、迎击，后蹬腿用于主动进攻，可跨步蹬出。（图 35、图 36、图 37、图 38、图 39、图 40、图 41）

3. 踹腿

提膝翻胯，膝盖向腹部收紧，小腿与大腿保持 90 度，脚掌外翻，支撑腿自然弯曲，用腰胯的力量用力踹出，放远击长，击打后按原路线收回。（图 42、图 43、图 44、图 45）

42

43

44

45

46

47

48

49

4. 转身摆腿

右摆腿：左腿斜前方上步，转身 360 度，由腰部带动腿的摆动，由下而上击打对手，后迅速收回，成格斗式。（图 46、图 47、图 48、图 49）

左摆腿：右腿前跨一步，转身 360 度，由腰部带动腿的摆动，由下而上击打对手，后迅速收回，成格斗式。

5. 转身踹腿

左脚斜上步，半转身提膝翻胯，膝盖向腹部收紧，小腿与大腿保持 90 度，脚掌外翻，支撑腿自然弯曲，用腰胯的力量用力踹出，放远击长，击打后迅速落地成格斗式。（图 50、图 51、图 52、图 53）

50

51

52

53

三、肘法

1. 横肘

又称平肘，是泰拳中最常用的一种肘法。

左肘：格斗式，左脚向前上步，抬起左肘，使肘部与肩平行或略高于肩，小臂收紧，手掌张开，前脚尖内旋，拧腰发力，用肘尖用力击打对手下颚。同时，另一只手紧贴脸颊，护住头部，收紧下颚，防止对手使用同样的进攻手段。

右肘：左脚向前上步，抬起右肘，使肘部与肩平行或略高于肩，小臂收紧，手掌张开，右脚上步蹬地内旋，拧腰发力，用肘尖击打对手下颚。同时，另一只手紧贴脸颊，护住头部，收紧下颚，防止对手使用同样的进攻手段 。（图 54、图 55、图 56、图 57、图 58）

54

55

56

57

58

59

60

横肘多用于防守对手直线拳法的攻击（图 59、图 60、图 61、图 62、图 63）或破坏对手防守后的进攻。（图 64、图 65、图 66、图 67）

61

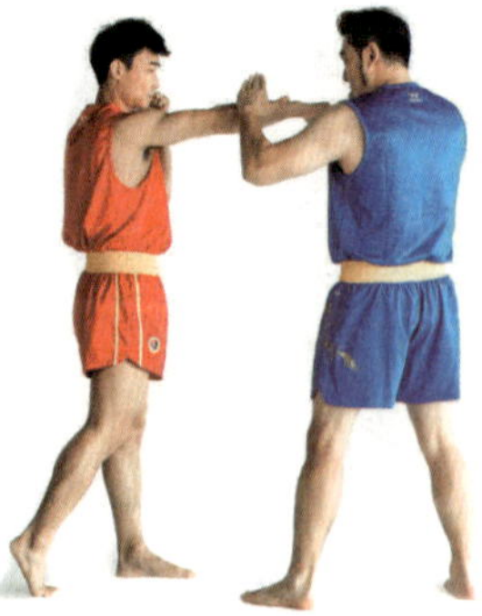

62

63

64

65

66

67

2. 劈肘

摆正格斗姿势，踮起脚尖，一侧肩膀抬高，前臂下垂，肘部上翻，高于头部，由上而下用肘尖攻击对手额头。（图 68、图 69、图 70、图 71、图 72、图 73、图 74）

68

69

70

71

72

73

74

3. 正挑肘

双膝略微弯曲，小臂紧贴大臂，肘部向上抬起，与身体成 90 度，整个身体上顶，使用肘尖用力攻击。（图 75、图 76、图 77、图 78、图 79）

正挑肘是一种近战技法，需要先进行一些佯攻运动，比如刺拳，掩护自己靠近对手，后实施肘法攻击对手。正挑肘也可用于对手进攻时的迎击。

75

76

77

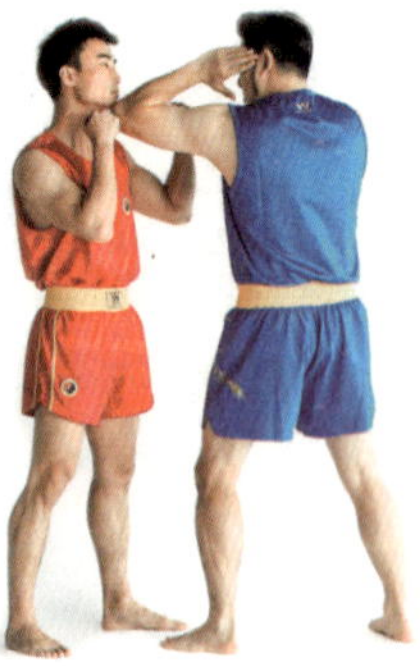
78

79

80

81

82

83

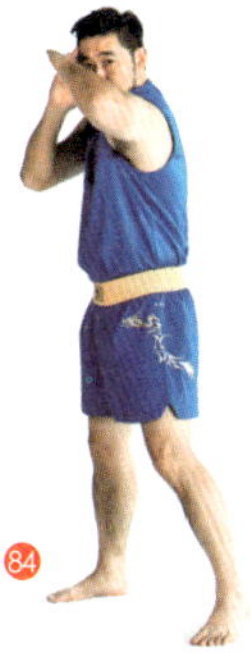
84

4. 斜挑肘

此肘法动作要领与正挑肘基本一致，只是肘部的击打角度为 45 度。此肘法通常在膝部攻击前、肘部击打后使用。前臂下落，再抓住对手的后颈部发起膝部攻击。（图 80、图 81、图 82、图 83、图 84、图 85、图 86）

85

86

5. 跃起横肘

左腿向前一小步，然后腾空跃起，提起右腿，向后蹬腿，右臂同时施展横肘打击。（图 87、图 88、图 89）

87

88

89

90

91

92

93

6. 反肘

又称转身肘。当对手进攻时，身体迅速反转，出其不意抬肘击打对手面部，或提肘，由下而上用肘尖攻击对手下颚。（图 90、图 91、图 92、图 93）

四、膝法

1. 冲膝

支撑腿脚后跟抬起，攻击腿屈膝前撞，臀部发力、前挺，双手前提，摆出戒备姿势，与步法配合。如上右步即冲左膝，上左步则冲右膝，全力撞向对手腹部、肋部、胸膛或下颚。（图 94、图 95、图 96、图 97、图 98、图 99）

94

95

96

97

98

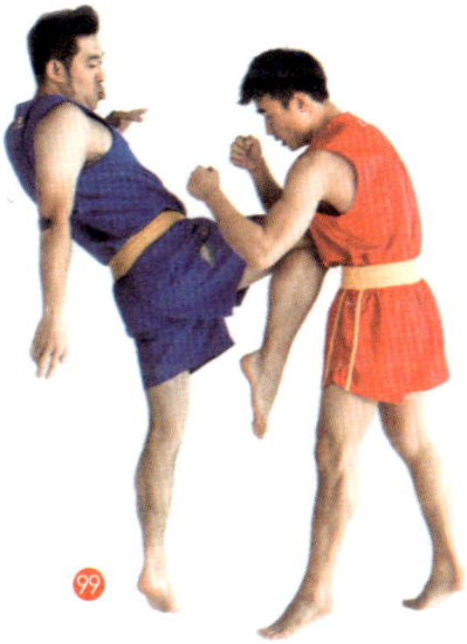
99

2. 侧顶膝

上步，贴近对手或双方搂抱对手，勾住其颈部。膝盖从外向内呈弧形运动，对准对手的两肋击打。（图 100、图 101、图 102、图 103、图 104、图 105、图 106、图 107、图 108、图 109、图 110）

107

108

109

110

3. 箍颈膝

箍颈膝是上述膝法的延伸技法，攻击目标一般为对手心窝、胸部。拳手以两手紧扣对方颈部，左右旋摆，使对手失去重心，同时施展膝技。（图111、图112、图113、图114、图115、图116）

111

112

113

114

115

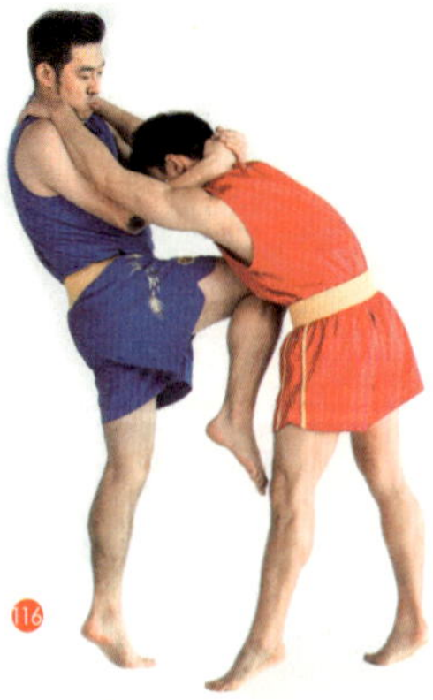

116

4. 飞膝

前腿上步，腾空跃起。借助跃起产生的力量，膝向上猛撞对手的胸部或下颚。（图 117、图 118）

117

118

五、摔法

1. 下潜抱腿摔

向前上步，身体快速下潜，双手搂抱对手膝窝下方，以肩膀顶撞对手腹部或大腿根部，发力将对手摔倒。（图 119、图 120、图 121、图 122、图 123）

119

120

121

122

123

124

125

126

127

128

2. 抱腿勾腿摔

向前上步，身体快速下潜，左手搂抱对手右后侧腰部，右手向后，抓住对方左腿，用力回拉将其抬起，左脚勾住对手支撑腿，以肩部顶靠对手肋部将其摔倒。（图 124、图 125、图 126、图 127、图 128）

3. 抱腿旋压摔

向前上步，身体快速下潜，左手抱住对手大腿，右手搂抱其小腿，以左脚掌为轴向右后方旋转，左肩下压，右手上提，形成合力，摔倒对手。（图129、图 130、图 131、图 132、图 133、图 134、图 135、图 136）

129

130

131

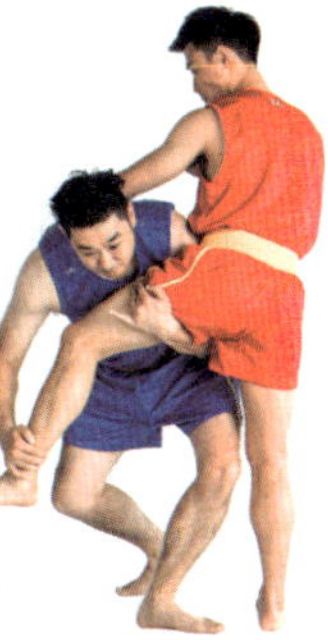

132

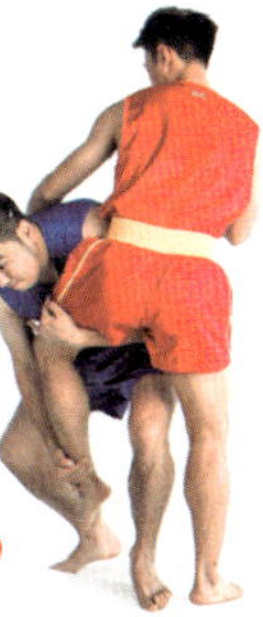

133

134

135

136

4. 抱腿别腿摔

向前上步，身体快速下潜，双手抱住对手左腿、抬起，左腿别住对手支撑腿，身体下压摔倒对手。（图 137、图 138、图 139、图 140、图 141、图 142）

137

138

139

140

141

142

143

144

145

5. 折腰勾腿摔

向前上步，身体快速下潜，双手紧紧抱住对手腰部，用右腿勾挂对手左腿，身体下压将对手摔倒。（图 143、图 144、图 145、图 146、图 147、图 148、图 149）

149

146

148

147

6. 手别摔

双方搂抱时，以右臂夹住对手左前臂，右脚迅速后绕步，同时用左手勾住对手的左腿膝关节外侧部位，降低重心，将对手摔倒。（图 150、图 151、图 152、图 153、图 154、图 155）

150

151

152

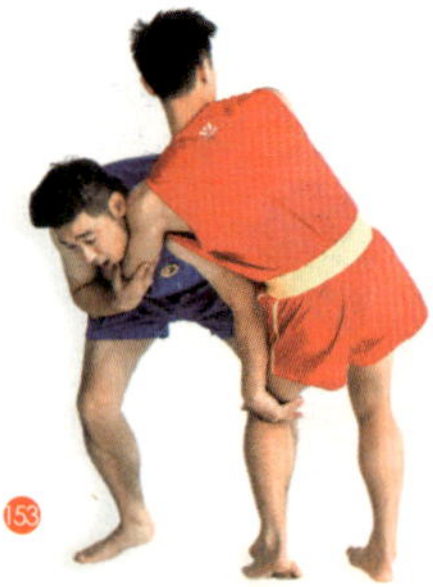
153

154

155

156

157

158

160

161

7. 夹颈打腿摔

双方搂抱时，用左臂夹紧对手右臂，右臂夹紧对手颈部，右脚向斜前方上步，左脚迅速绕步，用臀部紧贴对手腹部，两腿微微弯曲，重心下沉，双腿向上蹬伸，用腰腿的力量旋转踢打对手的腿，将其摔倒。（图 156、图 157、图 158、图 159、图 160、图 161）

8. 压颈搂腿摔

当对手使用下潜摔抱我双腿时，应迅速俯身撤步，用左手压住对方颈部，右手搂住对手的左膝关节，左手压颈、右手抬腿，顺势摔倒对手。（图 162、图 163、图 164、图 165、图 166）

162

163

164

165

166

167

168

169

9. 抱腰过背摔

右手招架对手的拳法攻击，顺势夹住对方手臂，左手夹住对方颈部，半转身迅速后撤右脚，用臀部紧贴对手腹部，两腿微微弯曲，重心下沉，双腿向上蹬伸、转腰发力，将对手摔倒。（图 167、图 168、图 169、图 170、图 171、图 172、图 173、图 174）

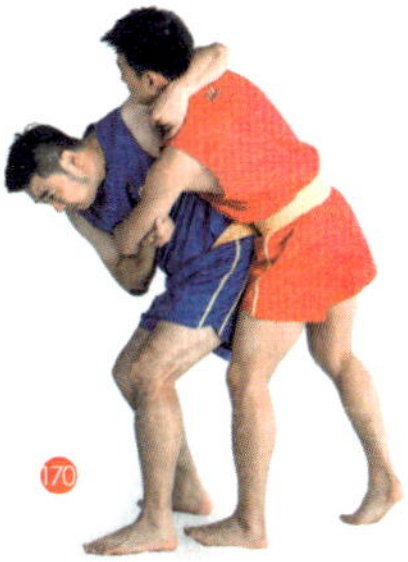
170

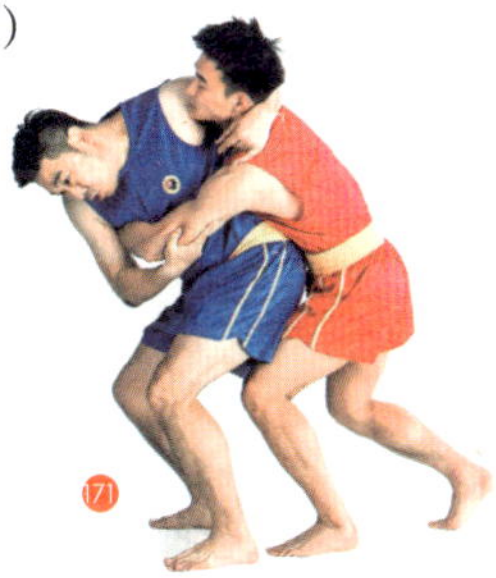
171

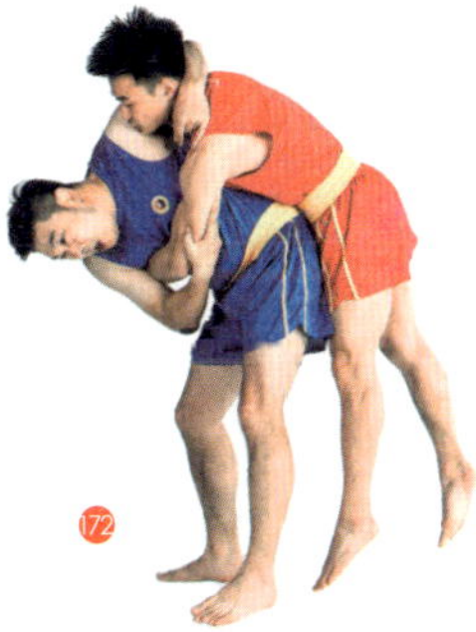
172

173

174

第三节　防守法

掌握格斗攻击技法是制服对手的基本条件。要真正掌握制敌技能、成为一名格斗高手，还必须掌握防守技术，在格斗中后发制敌。这就要求我们既要防住对手的攻击，又还以猛烈的反击。进攻与防守既矛盾又统一，两者密不可分。攻是前提，守是基础，只有掌握了防守技能，才能更好地发挥进攻招法。因此，想要掌握制敌技术，就必须学会防守与反击技术。接下来，我们将介绍几种常用的防守方法。

一、防守上肢法

1. 拍击

拍击分为左、右手拍击两种，以左手拍击为例：

在格斗中，对手用右拳直击我的面部或胸部。我用左手拍击对手右手腕部。此时，左肩要领先于右肩。（图 175、图 176、图 177）

完成此次防守后，可根据自身特点做出不同反应，如：左摆拳攻击对手头部等。

175

176

177

2. 格挡

格挡分左、右臂格挡两种，以左臂格挡为例：

在格斗时，对手用右摆拳攻击我的头部或面部。我左手沿头左侧上举，以左小臂格挡对手的右摆拳。（图 178、图 179）

完成此次防守后，可快速做出反击，如：用右直拳攻击对手的头部或用上勾拳攻击对手的下颚等。

178

179

3. 躲闪

躲闪分左、右侧躲闪两种。以左侧躲闪为例：

在格斗时，对手用右直拳攻击我的头部。我的上体微向左转，左脚向左前上半步，同时两膝弯曲，进行躲闪。此时重心在左腿，身体不能后仰，头部不能前探。（图 180、图 181）

完成防守后，快速做出反击，如：以左摆拳攻击对手的头部右侧。

180

181

4. 后闪

在格斗时，对手用直拳或摆拳攻击我的头部或胸部。我的下肢保持姿势不变，上体略后仰，躲过对手进攻，而后迅速恢复。（图 182、图 183）

完成防守后，快速做出反击，上体恢复原姿势，同时用右直拳攻击对手头部。

182

183

5. 迎击

迎击分左、右拳迎击两种，以右拳迎击为例：

在格斗时，对手用右直拳或右摆拳攻击我的头部或胸部。我的迎击方式为，先向左侧躲闪其右直拳，同时出右摆拳攻击对手头部。（图 184、图 185）

在用左臂阻拦其右摆拳攻击的同时，出右摆拳攻击对手头部。

184

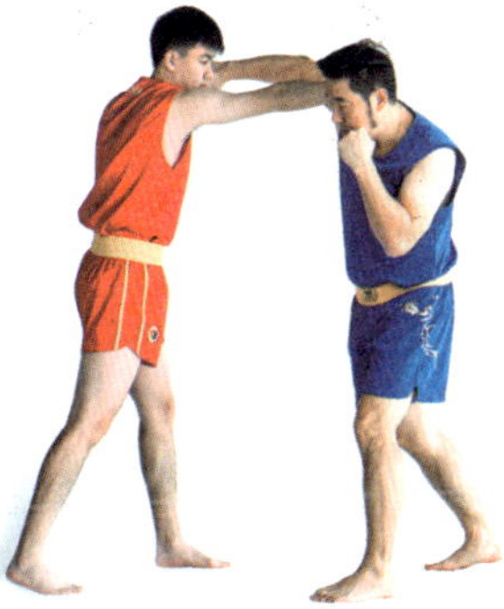
185

6. 格压

格压分左、右臂格压两种，以左臂格压为例：

在与对手格斗时，对手用右勾拳攻击我的下颚。我应左臂屈肘，由上向下用小臂格压对手右小臂。（图 186、图 187、图 188）

完成防守后，快速做出反击，如：用右勾拳击打对手下颚。

187

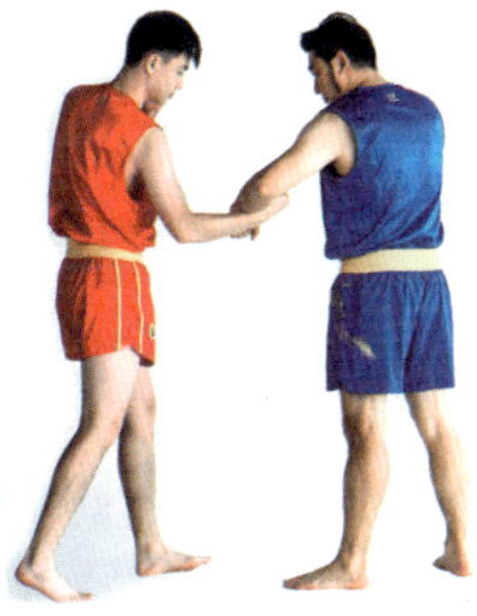
188

二、防守下肢法

1. 格挡、抄抱

抄抱分左、右臂抄抱两种。以左抄抱为例：

在格斗时，对手起右腿向我攻击，我将右臂紧贴身体格挡，以左小臂挟抱对方小腿。（图 189、图 190、图 191）

抄抱住对手后，迅速做出反击，将对手的腿抬高，或以勾踢、别腿摔等动作将对手摔倒。

189

190

191

2. 躲闪

在格斗时，对方以右前蹬腿攻击我的胸部或头部，此时，我将身体重心略微后移，向左侧躲避，化解对手的进攻。（图 192、图 193、图 194）

完成躲闪后，无论是拳的反击，还是腿的反击，都要全力击打。如：以右鞭腿击打对方肋部，或以右摆拳击打对方头部等。

192

193

194

3. 迎击

根据对手的进攻方法，在其进攻的同时进行防守并做出反击。以直线腿法迎击为例：

在格斗时，对方起鞭腿攻击我，我应用正蹬腿迎击对手。（图 195、图 196、图 197、图 198）

195

196

197

198

第四节 防守反击组合

在格斗或比赛中，防守是一种手段，其目的是为了做出反击。本节将为大家介绍几种常用的防守反击组合，熟练掌握后，可以有效运用在格斗或比赛中。

一、防上肢进攻反击组合

1. 直拳

（1）双方格斗式站立。对方前滑一步左直拳向我的头、胸击来，我首先以右手拍击防守，将对方的左直拳防开，同时右脚向右前滑进，左手反手勾住对手颈部，下拉，用左膝攻击对手腹部。（图 199、图 200、图 201、图 202、图 203）

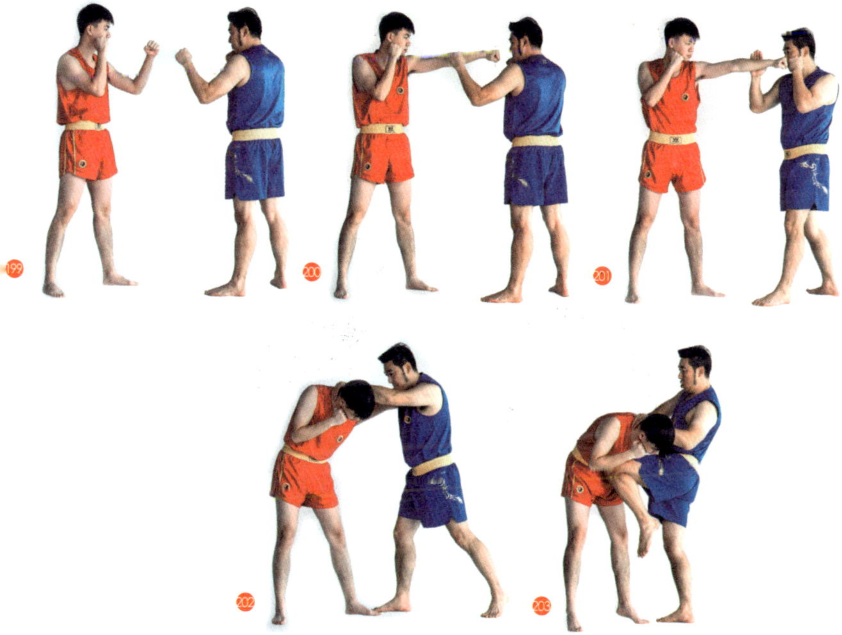

199 200 201 202 203

（2）对方用右直拳向我头、胸击来，我以左手拍击防守，将对方的右直拳防开，同时左脚向左前滑进，右手反手勾住对手颈部，下拉，用右膝攻击对手腹部。（图 204、图 205、图 206、图 207、图 208）

2. 摆拳

（1）双方格斗式站立。对方前滑一步，左摆拳击我的头部，我以右手格挡对方的左摆拳，同时上步，左挑肘攻击对手下颚。（图 209、图 210、图 211）

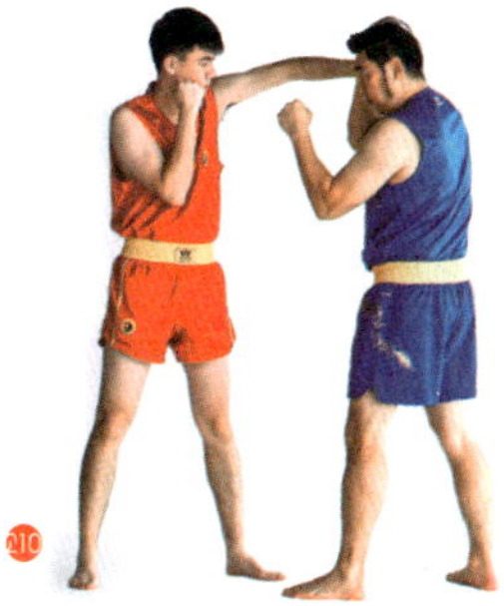

（2）对方前滑一步，右摆拳击我的头部，我以左手格挡，同时上步，用右挑肘攻击对手下颚。（图 212、图 213）

3. 勾拳

（1）双方格斗式站立。对方滑进一步，以左勾拳击我腹部，我右手按压成功防守对方的左勾拳后，立刻用左勾拳回击对手。（图 214、图 215、图 216、图 217）

214

215

216

217

（2）对方用右勾拳攻击，我先左手按压防守，后用右勾拳回击对手。（图218、图219、图220）

218

219

220

二、防下肢进攻反击组合

接腿摔

（1）双方格斗式站立。当对手用左蹬腿攻击时，我先后撤步，用左手接下其攻击，右手按紧对手的脚踝，迅速拉向我身体的左侧，然后用右手臂向上击打对手膝关节的下方，左手按压对手脚踝，上步用右脚勾踢对手的支撑脚，同时向上抬对手左腿，将其摔倒。（图 221、图 222、图 223、图 224、图 225、图 226、图 227、图 228）

221

222

223

224

225

226

227

228

（2）双方格斗式站立。当对手用左蹬腿攻击时，我先后撤步，用左手接下其攻击，然后用右手按紧对手的脚踝，身体迅速向后撤步。同时，将对手的左腿下拉至呈弧形后上抬，破坏对手的重心，将其摔倒。（图 229、图 230、图 231、图 232、图 233、图 234）

229

230

231

232

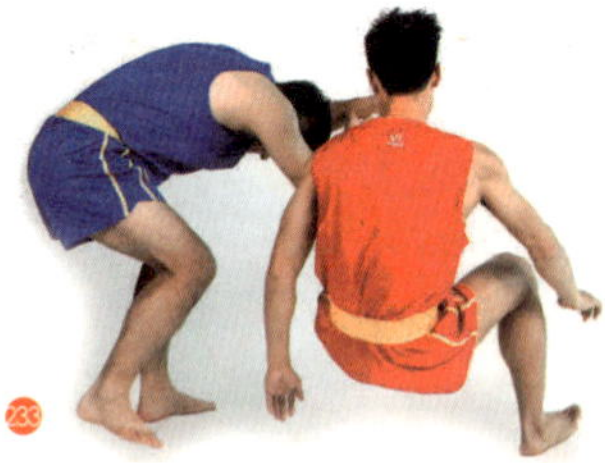
233

234

（3）双方格斗式站立。当对手用右蹬腿攻击时，我先后撤步，然后用右手接住攻击，左手按紧对手的脚踝，迅速拉向我身体的右侧。再上步，用左手臂由右向左拍打对手的躯干，同时左脚由左向右勾踢对手的支撑腿脚踝，用反作用力摔倒对手。（图 235、图 236、图 237、图 238、图 239、图 240、图 241）

（4）双方格斗式站立。对手用左鞭腿攻击我的身体时，我右臂弯曲、紧贴身体，格挡攻击，用左手搂抱对手膝关节下部，用右手按压对手脚踝，半转身后撤步，用左侧肩膀顶住对手的大腿。同时，用右手按住对手的脚踝向下压，左脚向上勾踢对手支撑脚，下压上勾，将其摔倒。（图 255、图 256、图 257、图 258、图 259）

255

256

257

258

259

261

262

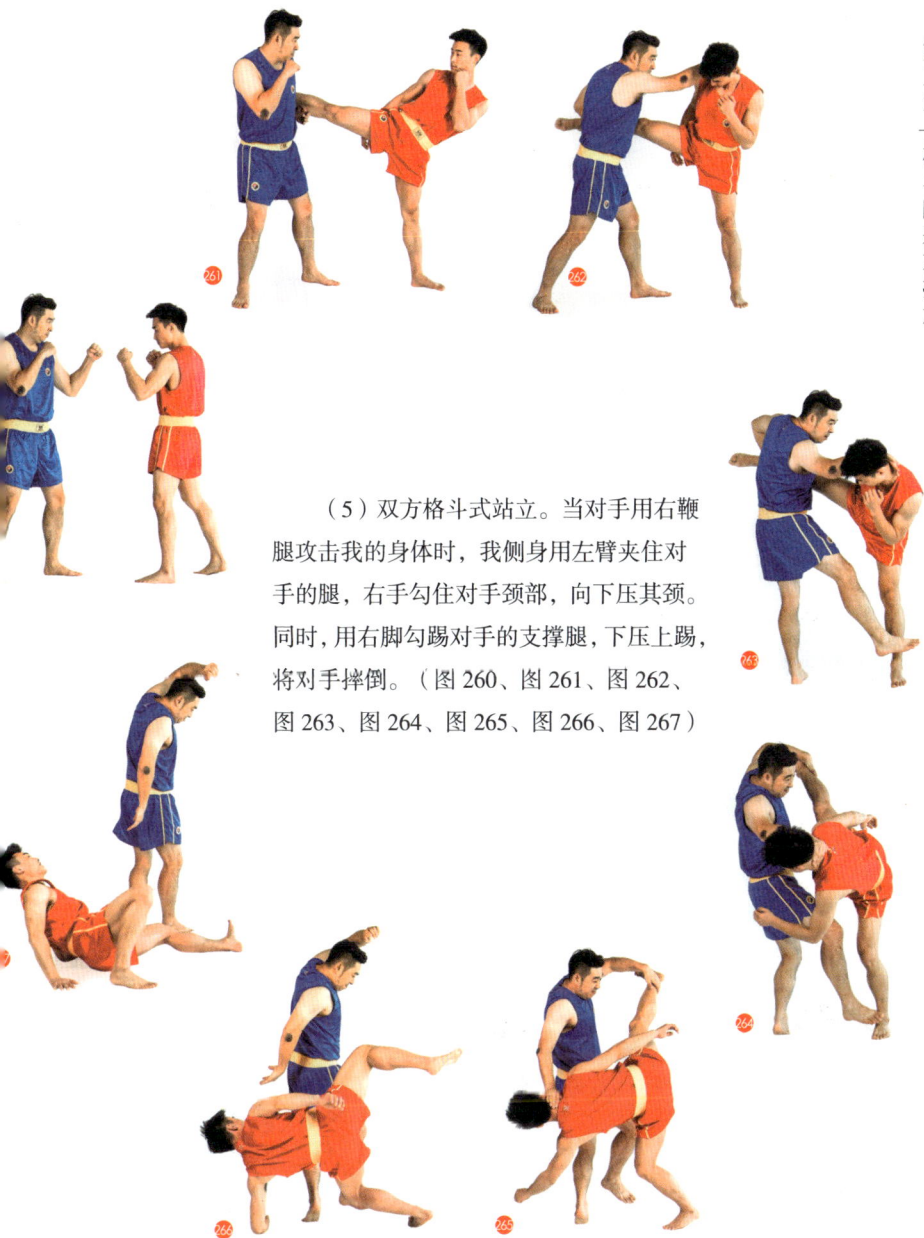

（5）双方格斗式站立。当对手用右鞭腿攻击我的身体时，我侧身用左臂夹住对手的腿，右手勾住对手颈部，向下压其颈。同时，用右脚勾踢对手的支撑腿，下压上踢，将对手摔倒。（图 260、图 261、图 262、图 263、图 264、图 265、图 266、图 267）

263

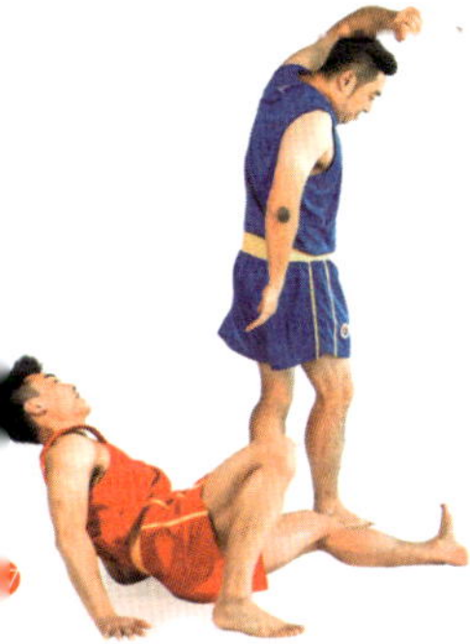

264

265

266

268
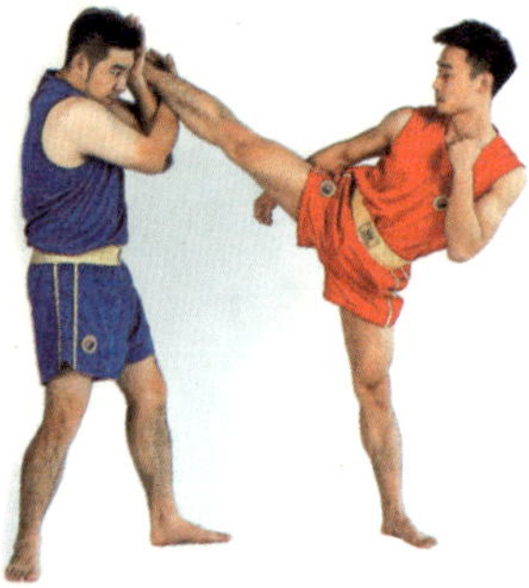
269
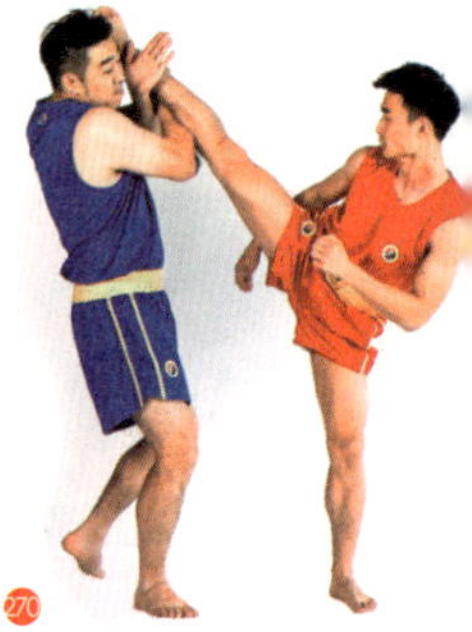
270

271

（6）双方格斗式站立。当对手用右鞭腿攻击我的头部时，先左手臂紧贴头部，格挡攻击，然后右手抓住对手脚踝，右脚上步，左脚跟步，向后勾踢对手支撑腿。同时，双手将对手右腿向上抬，将其摔倒。（图 268、图 269、图 270、图 271、图 272、图 273、图 274）

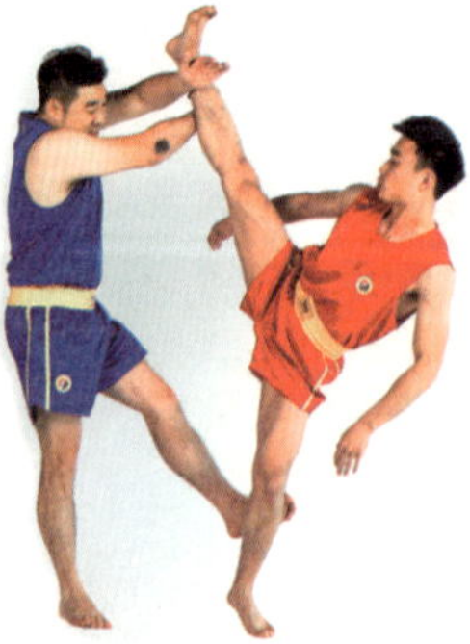
272

273

274

276

277

（7）双方格斗式站立。当对手用侧踹腿攻击时，撤步，然后抓住对手的脚踝，上步，用左脚勾踢对手的支撑腿，同时用力上抬对手的攻击腿，将其摔倒。（图 275、图 276、图 277、图 278、图 279、图 280）

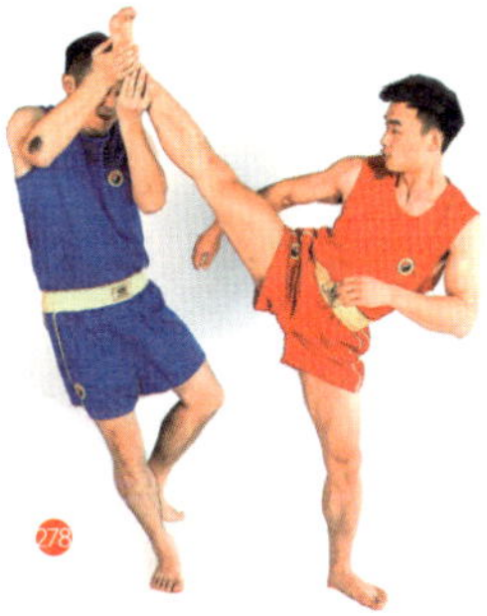

278

279

280

第五节　对抗法

简而言之，对抗就是在一定战术条件下的攻、防格斗训练。其目的是加强基本技术在格斗中的应用。对抗主要可分为四部分：上肢对抗、上下肢对抗、摔法对抗、综合对抗。

一、对抗

上肢对抗是指运用拳击中的直、摆、勾 3 种拳法以及散打上肢技法的各种技术动作进行攻、防的对抗。比赛时，每击中对方有效部位一次得 1 分。在实施过程中，上肢对抗还可以根据进攻动作及防守动作细分为各种具体条件的对抗。

上、下肢对抗，也可称为击打技术对抗。它同上肢对抗有许多共通之处，如比赛时运用踢、打技术每攻击对方有效部位一次得 1 分（这点与散打规则有不同之处）。

当然，进行踢、打技术对抗要依据科学的训练方法。

1. 击打技术的训练

原地体会练习：在教员讲解示范后，受训者进行模仿练习，重点体会、揣摩动作的要领和路线，不过分追求完成动作的力度，防止动作变形。训练时可采取先分解动作，后连贯动作；先单个动作，后组合动作；先慢速体会，后快速击打等方法。有条件时，还可以面对镜子，边练习边检查，不断巩固和强化正确的动作。

结合步法练习：基本掌握动作要领后，受训者应结合步法进行各种拳法、腿法练习，重点提高在移动中出拳、出腿时身体的协调性，做到步到拳到，发力顺达完整，移动迅速及时，击打准确有力。

打固定靶练习：打固定靶是以击打手靶、脚靶、沙袋、木桩为练习目标的训练方法。这也是提高击打动作的速度、力度，提升身体耐力和掌握击打距离的基本方法。练习时，要根据训练目的确定训练方法。

如为了提高动作速度和打击力度，可采取在数秒内以最快的速度、最大的力量进行击打的练习方法；如为了提高耐力，则应采取负荷小、强度小、重复次数多的练习方法。

配手喂递练习：配手喂递练习是由教员或配手用手靶、脚靶给受训者喂递动作，帮助其练习技术的一种训练方法。训练时，教员或配手可根据训练目的，在移动中出靶以引导受训者向不同方向进攻，提高受训者的多项能力，包括：反应速度、距离控制、把握时机和在移动中快速又准确地出拳或出腿。教员或配手在拿靶的同时，还可用靶不断干扰和回击受训者，使受训者在进攻的同时练习防守，提高受训者防守和反击的能力。配手喂递练习是击打技术训练的重要方法，应普及推广。训练要由慢到快，由易到难的进行，使受训者逐步适应训练强度。

2. 防守反击的训练

个人体会练习：在教员讲解示范后，受训者进行模仿练习，重点体会、揣摩动作的要领。有条件的受训者还可以面对镜子练习，或与配手进行简单的防守动作练习。经过反复强化训练，形成正确的条件反射和动作定型。

两人攻防练习：两人一组，一方进攻，一方防守。进攻者动作用力的大小、速度的快慢以及运用方法的难度都要根据防守者的实际能力随时调整。可采取原地和移动练习的方法：原地练习以接触性防守技术训练为主，移动练习以不接触性防守技术为主。两人攻防练习的重点是抄抱防守技术练习。练习时，进攻者要由慢到快提高速度，由轻到重增强腿法击打的速度、力度；防守者要着重提高手臂抗击打能力和抄抱的准确性。

防守反击练习：在掌握了基本防守动作后，应尽量在对抗中把防守与反击结合起来，避免消极防守而被动挨打。防守反击练习主要遵循防守反击战术方法的相关原则。

3. 摔法对抗

采用中国式摔跤的规则，任何一方有第三点支撑即为失败。一般采用三局两胜制。

4. 综合对抗

综合对抗，顾名思义，就是运用踢、打、摔等多种方法进行的对抗。基本规则采用散打比赛规则，唯一不同点是计算得分的标准：无论采用何种技术动作，每击中对方有效部位一次就得 1 分。其中，采用摔法技术时，站立者与后倒地者均得 1 分。总之，只要存在对抗，就需要考虑战术运用。

二、对抗原则

勇敢沉着

时刻保持勇敢顽强、沉着冷静、从容不迫的状态是克敌制胜的必要条件。首先，要树立敢打必胜的信心；其次，要始终保持头脑清醒、判断准确和心态稳定；最后，保持注意力高度集中，同时注意放松身体，做到意紧形松、松而不懈。

把握时机

要准确把握攻防时机，首先，应把握对抗距离。进攻时，要明确拳、腿、摔法攻击的有效距离；防守反击时，要控制距离，既能避开敌手锋芒，又能迅速进行反击。其次，要控制好身体重心，保持能快速移动、出拳和出腿的最佳姿势。最后，要集中精力、密切观察，及时发现敌手暴露的空当。同时，要及时判断、分析敌手防守动作的规律，找出弱点、寻机打击。

攻防兼备

在实战中，要攻中有防、防中有攻，使攻防融为一体。进攻时要兼顾防守。用拳法攻击时，要一手攻、一手防，且快打快收，防备敌方用挟、抱、摔、擒等动作反击。使用腿法攻击时，重点防备敌手以接腿摔动作发起反击。

活用战术

在实战中正确运用战术，首先，必须熟悉基本战法和运用时机。要根据实际情况，灵活运用防守反击、上下配合、迂直并用、乘虚强攻、示假诱击等战术。其次，加强战术的针对性，要及时分析对手的特点、判断其弱点，对不同对手采用相应的战法。活用战术的总体要求是：避实击虚、扬长避短、正奇互用、攻守兼备。

三、对抗战术

对抗由几种基本战术和几种不同情况下的不同打法组成。

1. 防守反击战术

防守反击是指在防敌攻击时，迅速回击其要害。防守反击时，首先，动作不要做得过早，要在敌攻击的拳或脚将要接触时完成。其次，防守动作幅度不宜过大，以刚好挡开敌攻击动作为宜。最后，反击时机应选在敌尚未做完攻击动作以及敌进攻失败、尚未转入防守的瞬间。方法如下：

（1）防拳反击

防上攻下：当敌攻击我头部时，我迅速闪身或格挡，同时用拳反击其腹、肋、腿部，或迅速下潜使用抱腿摔动作进行反击。

防下攻上：当敌攻击我胸、肋部时，我防守，同时以拳法反击其头部的暴露面。

防中击头：敌用直拳攻击我面部时，我防守，同时以直拳、摆拳反击其头部的暴露面。

防侧击头：当敌用摆拳攻击我头部侧面，我以直拳、摆拳反击其头部的暴露面。

挟抱摔擒反击：当敌用拳攻击我头部时，我迅速闪躲、格挡，近身使用抱臂或挟颈摔动作实施反击。

（2）防腿反击

拳、腿法反击：当敌以腿法攻击我时，我迅速闪躲、格挡，以拳、腿法迅猛反击；接腿后，主要用腿法踢击敌支撑腿，将敌摔倒或用拳法攻击其头部。

2. 上下配合战术

上下配合是指佯攻或实攻敌上体或下体，迫使其防守某一部位、暴露要害后，突然改变攻击方向，攻击其要害部位。使用上下配合攻击战术，要虚实互用、变向突然、动作连贯、节奏紧凑。方法如下：

先上后下：运用拳、腿法攻击敌头、胸部，待敌上防，我突然下攻其腹、肋部，或突然下潜使用抱腿摔动作实施攻击。

先下后上：运用拳、腿法攻敌腹部、肋部或腿部，待敌下防，突然上攻其头部。

迂直并用：迂直并用是指佯攻或实攻敌侧面或正面，迫使其防守某一部位、暴露要害后，突然改变攻击方向，攻击其要害。迂指侧面弧线攻击，直指正面直线攻击。采取迂直并用战术时，要虚实并举、变向突然、动作连贯、节奏紧凑。方法如下：

先中后侧：以直拳或前蹬、侧踹腿法直线攻击敌正面，待敌集中防守正面、侧面暴露弱点时，我出其不意攻其侧面。

先侧后中：以摆拳或横踢腿弧线攻击敌侧面，待敌集中防守侧面、正面暴露弱点时，我出其不意攻其正面。

3. 直接攻击战术

直接攻击是指，当敌防守出现漏洞或动作反应迟缓时，抓住时机，突然、迅猛直击要害。使用直接攻击战术必须反应快、移动快、出拳（腿）快、力点准。直攻时既可使用单拳、单腿攻击，也可使用组合拳、腿法攻击。

（1）乘虚强击

乘虚强击是指，面对实力较弱、体力不足、抗击打能力差、心理素质较差或防守出现漏洞的敌人时，我使用重拳、腿，快速凶猛地连续攻击，使敌丧失反制能力，力争重创对方。

（2）示假诱击

示假诱击是指故意露出破绽，诱敌深入，而后迅速按预设的制敌方法实施反击。如：暴露空当诱敌出腿攻击，而后以接腿摔制敌；示弱退却，诱敌上步出拳、连续进攻，我突然上步、下潜身体、抱腿摔制敌等。

4. 不同情况的应对战术

（1）应对进攻凶狠之敌的战术

避其锋芒，保持体力。

运用灵活多变的步法，避开攻击，消耗敌体力，而后就其破绽，运用防守反击战术，重创其要害部位。

（2）应对擅长防守反击之敌的战术

在严密防守的基础上，诱敌主动进攻，使其暴露弱点，由此创造反击的机会。

采用多角度、多部位，快拳、快腿攻击的方法，积极进攻，使敌难以摸清攻击规律。

攻击后快速回防，保持严密的防守姿态。

（3）应对擅长拳法之敌的战术

以长制短：不与敌直接对抗拳法，保持远距离，视情况采用相应的腿法进攻。

以摔制拳：诱敌近身，以抱腿、抱臂或挟颈摔动作制敌。

（4）应对擅长腿法之敌的战术

以拳制腿：防守时，控制距离，避开对手的踢击。攻击时，应快速近身、缩短距离，使其来不及起腿攻击，而后以拳法连续攻击对手。

以摔制腿：诱导对手起腿攻击，而后使用接腿摔动作；进步压制对手，控制距离，使其不易起腿；用拳法攻击，同时随时准备用接腿摔、抱腿摔动作进攻。

（5）应对擅长摔法之敌的战术

控制距离：把距离始终控制在自己的拳、腿法攻击范围内，避免对手靠近。

近距离击打对方时，使用冲膝、摆拳、勾拳等动作，化解其进攻。

使用破摔动作：攻击腿被对方接抱后，脚可连续猛力蹬、踹或转身后蹬、抽腿解脱；当小腿被抱时，迅速用手臂撑住对手肩、胸部，防被其近身绊摔，或用拳法击打对手头部；情况允许时，还可将被抱腿插入对手裆下，挑裆反摔对手。对手挟抱我手臂或上体背摔时，我应迅速降低身体重心，向对手体侧移步支撑，继而抢身到对手体前发起背摔；或从后掏裆，抱腿破摔。

四、对抗训练

1. 对抗训练的组织

（1）编排

对抗组织的编排必须细致，既要提高练习者的技术水平，又要给练习者们创造互相学习的机会。

8 人一组，再按体重分为小、中、大三组，按照双败淘汰的赛制进行比赛。每个小组的人抽签决定自己的对手和出场顺序，教练组负责裁判工作。没有身体伤病的参赛人员，不允许弃权或消极比赛。比赛结束，小组名次确定后根据名次顺序，按照规则计算练习者的得分。

（2）记录

一般由专业人员负责记录工作，其主要职责是及时记录每个学员的比赛胜负情况，建立公布栏，通告竞赛情况，把成绩归档保存留待日后查用。

2. 对抗损伤的预防

对抗损伤在对抗训练或比赛中时有发生。激烈的对抗常经常会误伤选手的身体，这不仅会影响正常的训练和比赛，还会影响心理。因此，预防运动损伤十分重要，应该引起重视。

常见的损伤症状包括擦伤、挫伤、扭伤、骨伤和内伤。

（1）发生原因

首先，人体某些部位比较脆。

其次，个别学员水平不高，身体训练、专项训练的力度、强度未达到对抗的要求。

再次，训练不系统，没有遵循由小到大、循序渐进的训练原则，往往急于求成，结果事与愿违，造成不必要的损伤。

从次，缺少必要的医务监督。

最后，个别学员生理、心理状态不佳，受外界环境影响较大，不在状态，仓促上阵。

（2）预防措施

第一，应全面加强身体、技术的训练。

第二，应科学、合理地安排训练，遵循因人而异、循序渐进的训练原则，科学地安排运动强度与比赛场次。

第三，应增强易伤部位的肌肉力量。易伤部位容易损伤的原因在于该部位肌肉力量弱。平常要有针对性、有意识地加强对这些部位的训练。

第四，应加强医务监督。建立和健全医务监督制度，让医务人员真正发挥作用，减轻学员心理负担。

第五，应充分做好准备活动。不仅要活动小的关节部位，还要使大的关节保持适应对抗的最佳状态。

3. 对抗心理素质的培养

对抗心理学属于运动心理学的一个分支学科，是研究人在体育运动中心理现象的特点以及活动规律的科学。

（1）战术意识的概念

战术是指对抗的双方在比赛中，为了扬长避短、遏制对方所采取的计策和行动。对抗比赛，始终贯穿着参赛双方发挥和反发挥、限制和反限制的激烈斗争。练习者通过合理的战术行动争取胜利。

所谓战术意识，是指练习者在比赛中按照一定的战术目的，正确合理地运用技术、战术的自觉心理活动。它表现为练习者能发挥自己技术、战术的特长，战胜对手。

（2）战术意识的内容

①技术的目的性

指技术的运用有明确的战术目的，而不是随意行动。力求自己的每一个行动都带有一定的战术目的。只有明确自己的战术意图，才能使自己在比赛中保持头脑清醒、思维敏捷、有的放矢。

②战术的预见性

在激烈的对抗中，练习者应对场上情况有一定的预见性。只有对敌方的战术意图做出正确的预见性判断，才能及时采取合理的对策，达到自己的对抗目的。

③判断的准确性

对抗中的准确行动来自练习中准确的判断，它是采用战术策略的前提，练习者必须把一切行动建立在仔细观察和准确判断的基础上。

④进攻的主动性

要想在对抗中战胜对方，应尽可能地创造进攻机会。谁进攻的机会多，谁获胜的机会就大。因此，必须创造一切可能的进攻机会。主动进攻，是取得比赛胜利的关键。

⑤防守的积极性

进攻与防守是对立统一的。在对抗中，防守是进攻的基础，进攻是防守的继续。在有效进攻对方之前，首先应积极地防守，否则会陷于被动挨打的局面。

⑥战术的灵活性

进攻与防守都应力求灵活善变，能合理地运用各种攻击战术。战术的灵活性离不开时间、空间、人员三大因素。这包括：时间，即适时地掌握进攻时机，及时防守；空间，即正确地选择突破口，保持恰当的距离；人员，即合理地组织与发挥自己的技术。

4. 对抗训练方法

（1）进攻技术的训练方法

进攻技术是格斗技术的主体，步法和防守技术的运用是为了更好地进攻。学习进攻技术，必须一丝不苟地掌握动作的起止路线、着力点以及攻击部位。而动作的起止路线和着力点是动作成功的关键。学习时要循序渐进，从易到难，从单招到组合，采取科学的训练方法。在训练中常采用的方法有：

①慢速度原地练习

在教练员讲解、示范或个人自学后，采用慢速度的模仿练习。有些复杂动作还应分解练习，不应过分追求动作的力度，重点揣摩、体会动作的路线和着力点。预兆动作是初学者最容易出现的错误，应高度重视，严格要求。有条件的受训者应在教练或同伴的指导下，面对镜子边练习边检查，不断巩固、强化正确的动作。

②结合步法练习

经过原地练习，基本掌握动作要领后，根据实战需要结合相应的步法练习，紧密联系技术与实战。如左冲拳，结合步法，在实战中有进步冲拳、退步冲拳、左闪或右闪冲拳等，可主动进攻，也可防守反击。结合步法练习的重点是身体上下的协调配合，做到步到拳（腿）到，发力完整。

③假设性练习

假设对手运用的进攻方法或所处状态，从实战需要出发，选编一组或几组进攻和防守反击的打法。这不仅能有效地巩固身体的格斗技术，还能提高组合动作的速度。

④不接触攻防练习

两人一组，一方主动进攻，另一方防守反击。开始可规定只做单招进攻，动作由易到难，逐渐过渡到连招进攻。该方法能有效消除初学者的恐惧心理，预防运动损伤。不接触攻防练习应保持适当的距离（不宜太远），运动中做出动作的力度和速度应达到一定水平。采用“点到为止”的方法训练，效果虽好，但不宜过多，以免形成习惯，影响实战时发挥。

（2）防守技术的训练方法

防守技术是格斗技术体系中不可缺少的内容。防守技术运用得当，一则能保护自己；二则能减少输分，为反攻提供有效的保证。而科学的练习方法是掌握防守技术的重要条件。

①个人模仿练习

在教练员讲解示范或个人自学教材之后，个人应先模仿、体会动作。有条件的受训者可面对镜子或与同伴配合，边做边检查，一开始就掌握正确的动作。

想象对手的进攻方式，练习相应防守动作。经过反复强化，建立正确的条件反射，形成动作定型。

②不接触攻防练习

在教练员或同伴的帮助下，规定以进攻动作为信号，练习双方间隔一定距离，身体不接触，受训者应根据信号做出相应的防守动作。这种方法的优点是能消除练习者的恐惧心理，缓解紧张情绪，保证动作质量，提高反应速度。

③接触攻防练习

两人一组，一方进攻，另一方防守，互相接触。进攻一方根据自身能力控制用力的大小、速度的快慢以及运用动作的繁简。两人练习时可采用原地和移动两种方式。原地练习可以节省体力，增加练习密度；而移动练习可以兼顾步法、判断距离，更加贴合实战。

（3）进攻与防守反击练习

在训练的初级阶段，专门性地练习防守是非常重要的。但在掌握基本动作之后，应尽量结合防守与反击，避免消极防守而被动挨打。防守是基础，反击是目的。

（4）实战练习

实战练习指双方在紧张激烈、瞬息万变的情况下，运用各种方法提高实战技术。这要求，练习者不仅要掌握娴熟的技术动作，更要使用灵活多变的战术。因此，实战是检验和提高自身防守能力的重要方法。

在实战中，应灵活运用以上进攻与防守的技术动作，以达到举一反三的目的。

第三章　应用技术

应用技术是在格斗中必须掌握和运用的技能，它是按照擒拿的原理、特点及动作运用的规律精心编排设计的。在实际格斗中，由于对方的动机、目的和行为不同，其向我攻击的方向、方法以及双方站立的位置各异，因此，我所使用的擒拿制敌招法要根据当时的情况而定，要随机应“势”、巧于变化。故在学习和练习时，要做到从实战出发，全面掌握应用技术。每一个动作要融会贯通、举一反三，这样才能在战时临危不乱、得心应手、出奇制胜。

第一节　正面擒敌

正面擒敌是制敌技术中经常使用的攻击手段。它要求根据客观情况，主动出击，灵活、恰当地运用战术及格斗技法。接近敌人时应自然，实施攻击时要突然、快速、动作连贯。

281

282

283

一、别臂绊摔压颈

准备姿势：我与敌自然站立，成格斗式。（图 281）

攻击动作：

敌用右勾拳击我下颌（图 282），我迅速用左手抓握敌右手腕（图 283）。

284

我右手成掌，用右小臂由下向上挑击敌右肘窝（图 284），而后身体右转，以右手臂挑、别敌右臂肘关节，左手配合控制其右手腕（图 285）。

我左脚向敌右腿前上步，向后别、绊敌右腿（图 286）。

将敌绊倒后，我顺其倒地姿势，双腿屈膝，右腿在前，而后以右膝跪压敌后腰部，左手抓其左手腕回拉，右手控制其右颈（图 287），将敌制服。

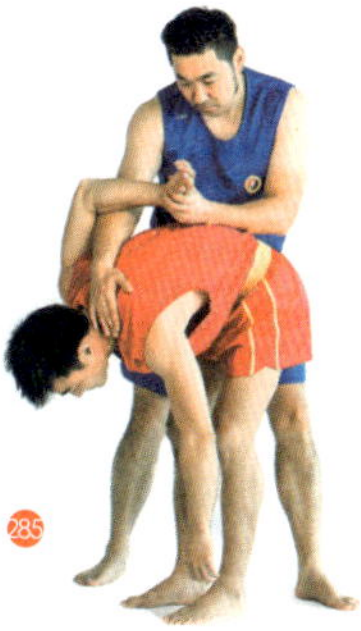
285

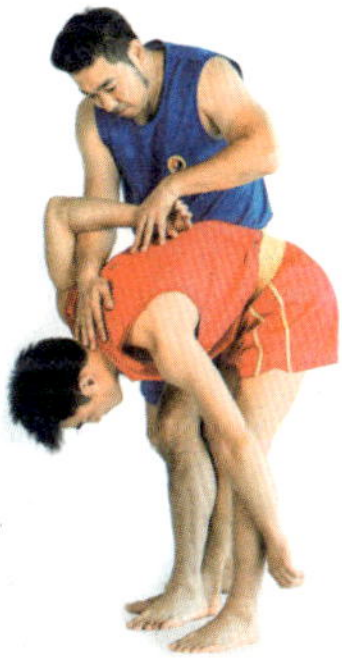
286

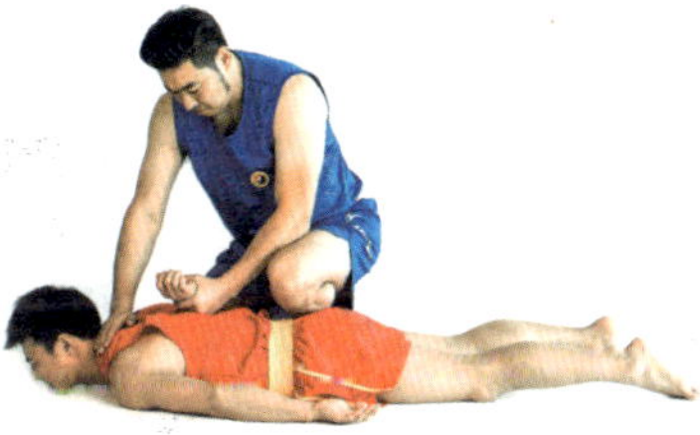
287

攻击要点：

做动作时，要注意抓腕紧，挑肘及时、有力，别臂快，绊摔协调。在敌倒地后跪压其腰部，拉腕、控肘动作要连贯。

二、弹腹砸肘跪背

准备姿势：敌、我面对面站立，成格斗式。（图 288）

288

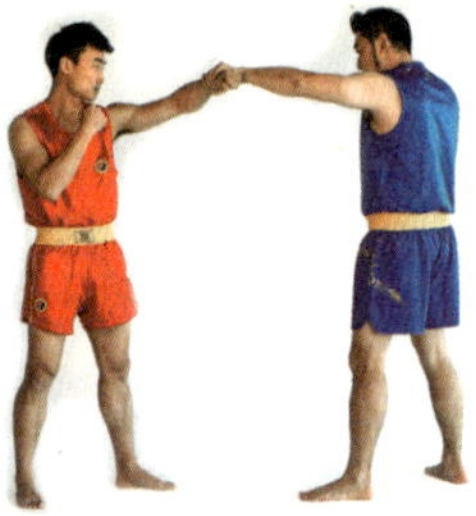

289

290

291

攻击动作：

我用左直拳击敌面部，敌左小臂向外侧上抬，格挡我左小臂（图 289），我左手成掌，抓握敌左手腕回拉（图 290），同时屈抬左腿弹踢敌腹部（图 291）。

我左脚向左侧落步，右臂屈抬，用小臂砸敌左臂肘关节，敌左肘受击后下跪。我顺势用右小臂向左前推压其左肘关节，使敌俯卧前倒（图 292）。

而后，我左膝跪压敌后背部，右手反折其左手手指，左手回拉敌左肘关节，（图 293），将敌制服。

292

293

攻击要点：

做动作时要注意抓腕紧，挑肘及时、有力，别臂快，绊摔协调。在敌倒地后跪压其背部，拉腕、控肘动作要连贯。

三、圈臂顶腹跪颈

准备姿势：敌在我正前，成格斗姿势（图 294）。

294

295

296

297

攻击动作：

敌右勾拳击我腹部，我屈抬左臂格挡（图 295），同时以右直拳击敌下颚（图 296）。

我下压敌颈部，同时屈抬右腿，用膝上顶其腹部（图 297）。

我右脚向右后落步，左手臂圈抱敌右小臂，右手下压其颈部（图 298、图 299），使敌向右前俯卧。而后，我用右膝跪压敌颈部，左手抓其右手腕，右手控制其肩关节，将敌制服（图 300）。

298

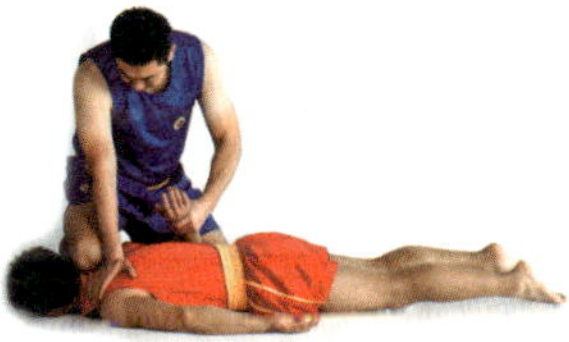
300

299

攻击要点：

屈臂、击面同时进行，下压颈与上顶腹部同时完成。欲压颈使敌前倒时，要注意右脚向右后撤步，及时跪压其颈。

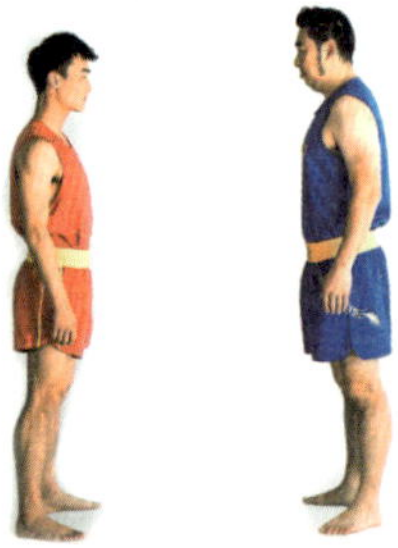
301

四、踢裆砍颈拧肩

准备姿势：敌、我面对面站立，我欲向敌攻击（图 301）。

302

303

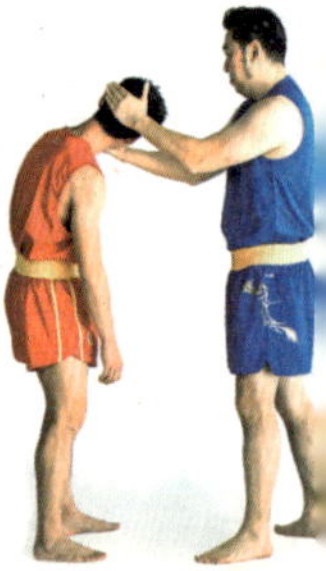
304

攻击动作：

我以右脚弹踢攻击敌裆部（图 302），右脚落步，双手成掌，掌心向上、由外向里砍击其两侧颈部（图 303）。

我左手按压敌头顶，右手推其下颌（图 304），双手协力拧其头部，使其向左后转身（图 305）。

我将右臂由敌右臂下穿过，挟抱敌右臂，左手由上向下按压敌前额（图 306），使敌后倒。我顺势屈膝下蹲，用左膝跪压敌颈部，左手控制其右臂肘关节，右臂挟抱上挑（图 307），将敌制服。

305

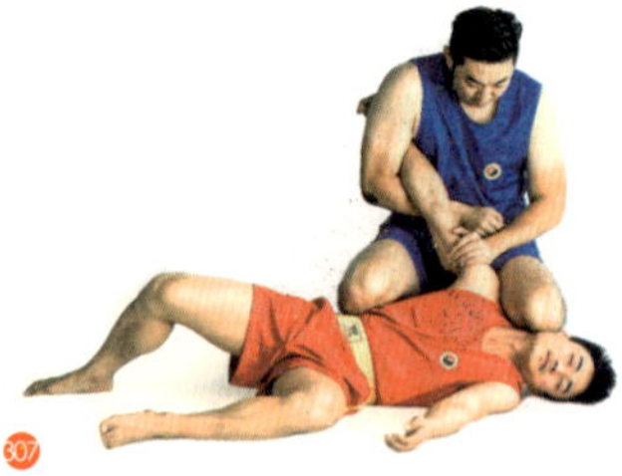
307

306

攻击要点：

突然弹踢裆，攻其不备，双掌砍颈位置准，翻拧敌头部用力适当，挟抱臂牢。动作要连贯、迅速、协调。

第二节　解脱与擒拿

在被对方抓、拉、缠、扭、抱时，要根据敌我双方矛盾激化的程度及对方对我侵害的目的、使用的方法，灵活地运用擒拿招数。本节内容主要介绍衣领被揪、被勒喉锁颈、腰部被抱、手臂被擒时的一些解脱擒拿的招法。

一、翻腕推肘蹬膝

准备姿势：我自然站立，敌在我正前，用右手揪抓我胸前衣领（图 308）。

308

309

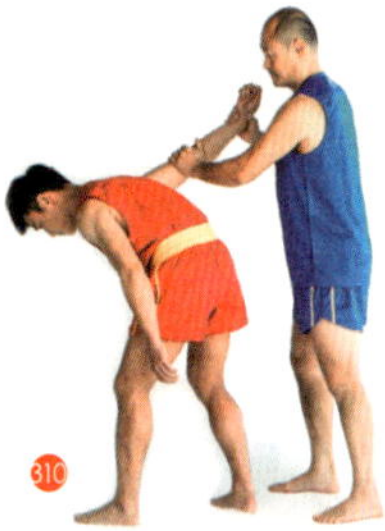
310

311

反击动作：

我立即抬右臂，右手抓握敌右手手腕，左手成掌由左侧向右侧推敌右臂肘关节（图 309）。

我右手外翻扭抓敌右手手腕，并顺势微向右转身（图 310）。迅速起左腿，用左脚踹蹬敌右腿膝关节外侧（图 311），使敌右腿屈膝跪地（图 312）。

我左脚落地，右脚向右前上步，左手推压敌右肘关节，右手外翻敌右手，使敌前倒成俯卧姿势，而后用左膝跪压敌肩部，将敌制服（图 313）。

反击要点：

在应用中，撤步、上步转体、推肘应同时完成。此外，应注意紧抓握敌手腕，蹬敌膝准而有力，推敌肘使其前倒时身体应右转，及时跪肩。

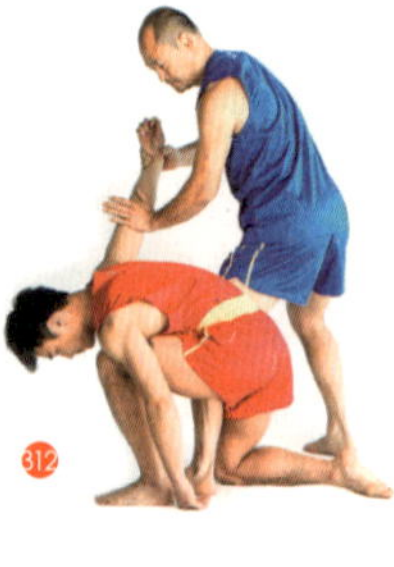
312

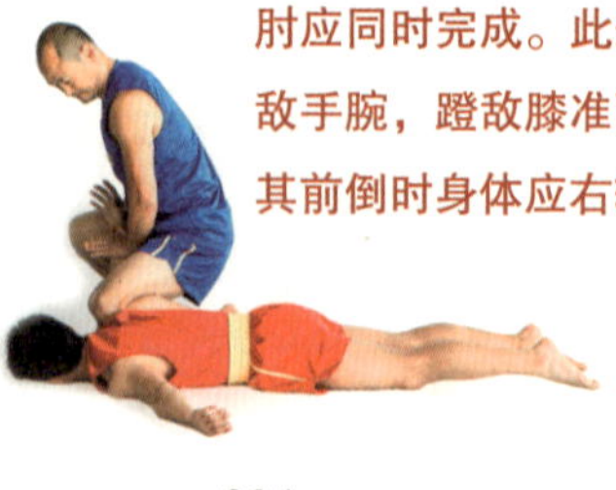
313

二、击头圈臂砸面

准备姿势：我自然站立，敌在我正前，右手抓握我胸前衣领（图 314）。

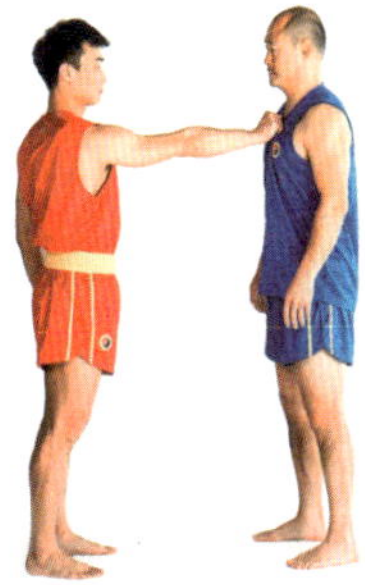
314

反击动作：

我左手立即扣握住敌右手手背（图 315），右手成掌，用掌根猛力推击敌头部（图 316）。

击中敌头部后，我右臂屈肘由上压其右臂肘窝（图 317）。

敌身体靠近我时，我用肘击打其面部或下颚（图 318），将敌制服。

315

316

317

反击要点：

抓握手牢，掌击敌头部突然，肘击连贯，落点准。

318

三、顶裆压肘踏膝

准备姿势：我自然站立，敌在我正前，突然用双手抓住我衣领两侧（图 319）。

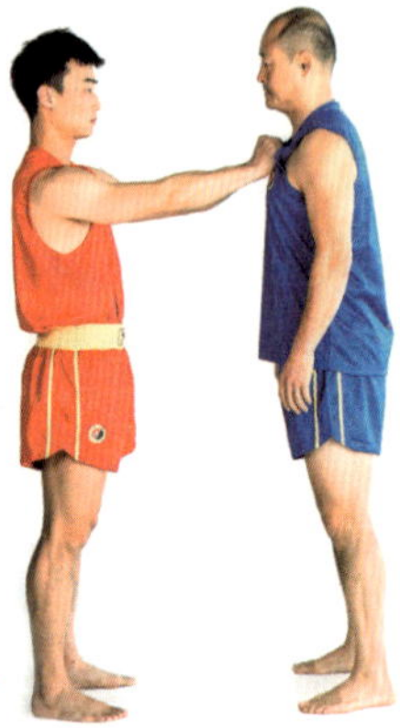
319

反击动作：

我立即双手上抬，用小臂由里向外格击敌双臂（图 320），而后屈右膝攻击敌裆部（图 321）。

我右脚向后撤步，右手扣握住敌右手背，以左掌推压其右臂肘关节（图 322）。

右手卷折敌右手腕使其转身，起左脚下踏敌右腿膝关节，使其右膝跪地（图 323、图 324）。

我左脚落步，右脚向右侧上步，同时左手推压敌右肘关节，使其前倒（图 325）。左手松开敌右肘关节，迅速抓握敌右手，双手合力卷折其右手腕并上拉，右拇指顶住敌右手背，左脚下踏敌肩部（图 326），将敌制服。

反击要点：

格击肘突然，顶裆准，撤步快，压肘有力。踏膝与推肘协调配合，双手折敌腕上拉与踏肩同时完成，动作连贯协调。

320

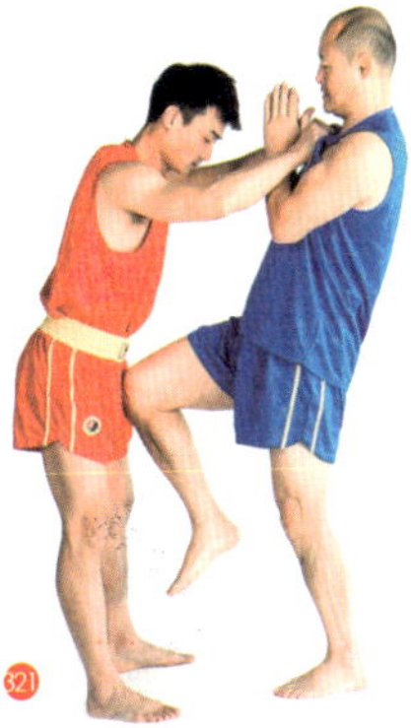
321

322

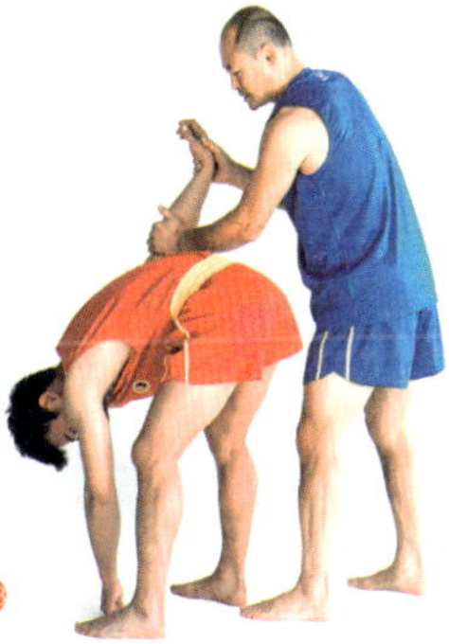
323

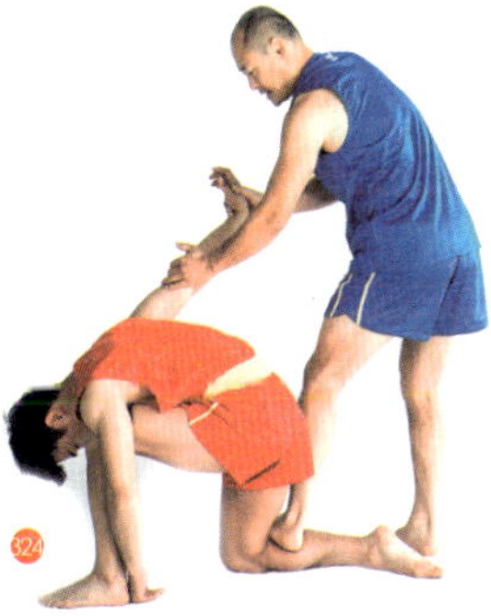
324

325

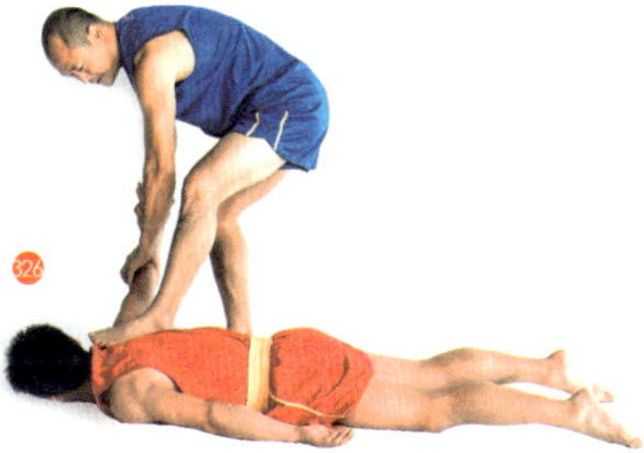
326

四、顶腹拧臂压肩

准备姿势：我自然行走或站立，敌由后以右臂锁住我颈部。

327

328

329

反击动作：

我立即双臂上抬，双手抓握住敌双手腕，上体前倾（图 327），右脚向右侧落步，左臂屈肘后顶其腹部，右手抓握其右手腕（图 328）。

顶击敌腹后，我左手成掌拍击敌裆部（图 329），左脚向后撤步至敌身后，头由敌右臂下绕过，双手抓握敌右手腕拧拉（图 330）。

起右脚下踏敌右膝窝，使敌右膝跪地（图 331），而后，我左腿屈抬顶压其右肩背部（图 332），将敌制服。

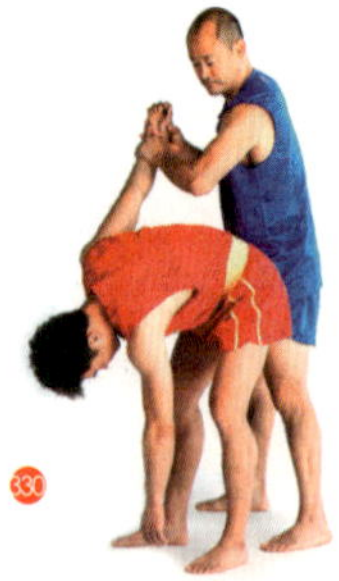

330

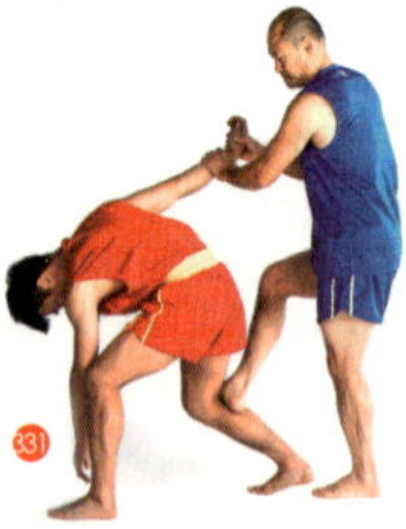

331

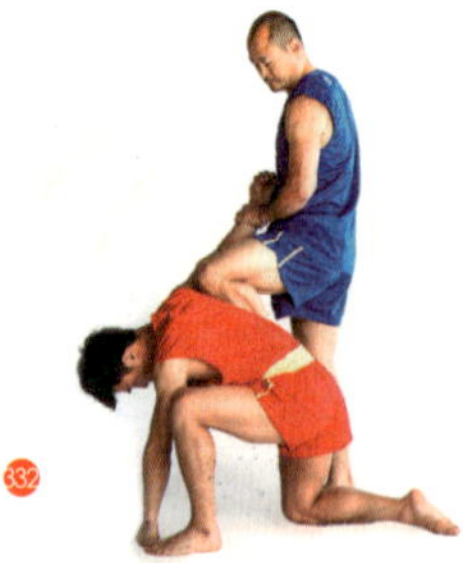

332

反击要点：

抓握敌手腕突然，顶腹有力，拍裆准，头绕臂快，踏膝狠，顶压肩背及时。必要时可将敌压倒搜身。

五、踩脚顶腹别臂

准备姿势：我自然行走或站立。敌在我背后，以双臂搂抱住我的双臂，控制我上体（图 333）。

333

334

335

336

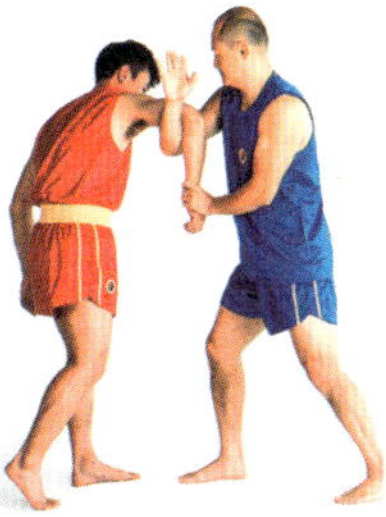
337

反击动作：

我微向右侧上步，起左脚踩踏敌左脚面（图 334），左脚落地，身体下蹲，同时双臂猛抬上架其双臂，从敌对我的控制中解脱（图 335）。

我转身用左手抓握敌右手腕，右臂屈肘后顶敌胸腹部（图 336），而后右臂由敌右臂下穿过上挑（图 337）。

我右脚向敌右侧上步，左手抓握敌右手腕，右臂穿别敌右臂，扒住敌肩（图 338、图 339）。左脚上步成弓步，顶住敌胸，右手下扒敌右肩别敌右臂（图 340），将敌制服。

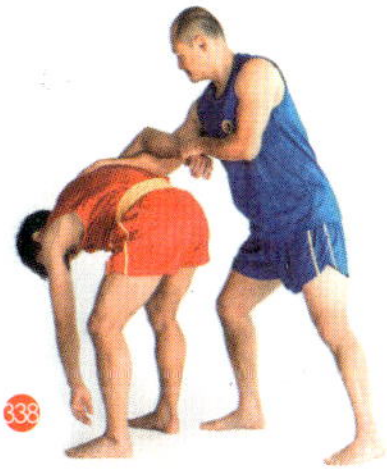
338

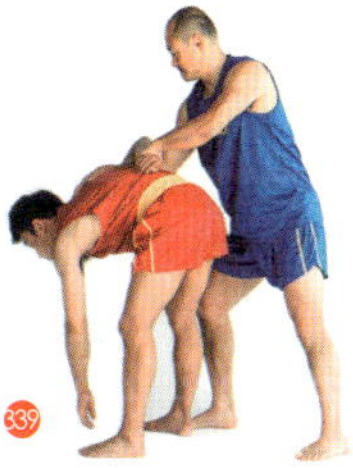
339

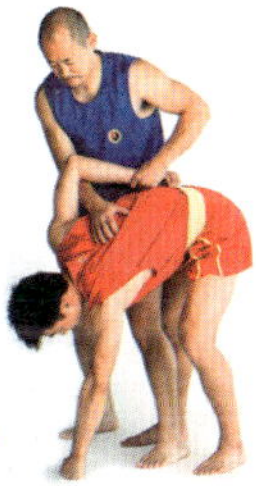
340

反击要点：

踩踏脚突然，架臂与转身顶胸腹协调、有力，抓腕别臂牢，上步稳定，必要时可将敌绊倒搜身。

六、拉踝绊摔别腿

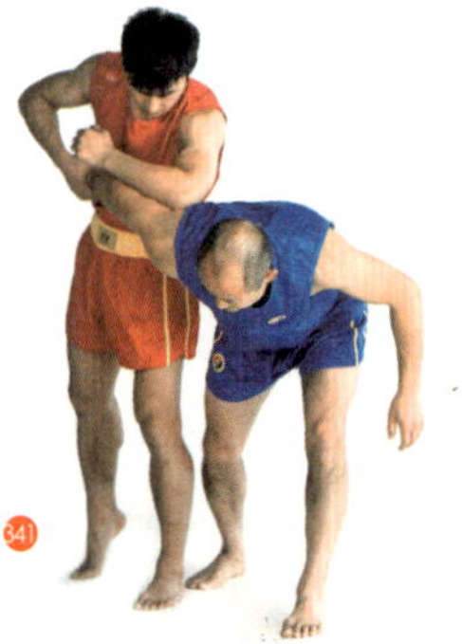

341

准备姿势：我与敌格斗时，敌在我右侧，以右手抓住我右手腕，左手压住我右肘关节，左脚在前，将我控制（图 341）。

反击动作：

我身体顺势下蹲，左手抓握敌左腿踝关节（图 342），而后向上提拉（图 343）。

起右腿，身体左倾，由前向后绊敌右腿（图 344），将敌绊倒成俯卧姿势，我双手上提敌左腿踝关节（图 345）。

我右手松开敌左踝，右脚向敌左腿膝外侧上步（图 346），左脚继续向敌左前侧上步，用两腿内侧夹住敌左踝，身体下蹲，别其左腿。同时左手抓紧敌左手腕回拉，右手向后扒敌前额（图 347），将敌制服。

342

343

344

345

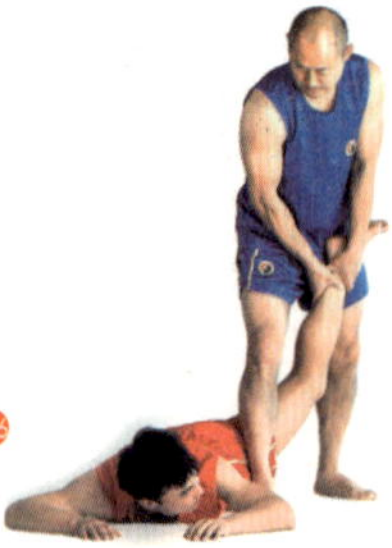

346

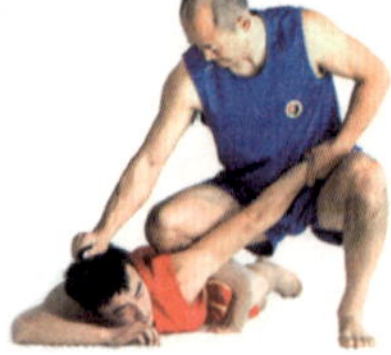

347

反击要点：

顺敌压肘之势，下蹲快，绊摔快，抓踝牢，上步别腿到位，抓腕回拉、扒额运用得当。

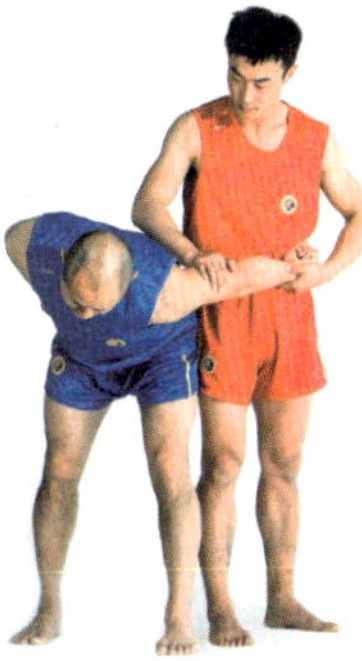
348

七、上步压肘踏膝

准备姿势：敌在我左侧，上右步，左手抓紧我左手腕，右手下压我左肘关节，将我控制（图 348）。

反击动作：

我顺敌压肘姿势下蹲，向敌右脚前上右步（图 349），再向敌左侧上左步，同时左臂屈肘，左手反抓敌左手腕（图 350）。

右腿向前上步，身体左后转，同时左手回拉敌左手腕，右手成掌推压其左臂肩关节（图 351）。右腿迅速下踏敌左腿膝关节，使敌左膝跪地（图 352）。

右脚落步，上左步，用右小臂压敌肩关节，使敌前倒成俯卧姿势，右膝跪压敌背部，同时左手抓握敌左手腕回拉，右手控制敌手臂，将敌制服（图 353）。

349

350

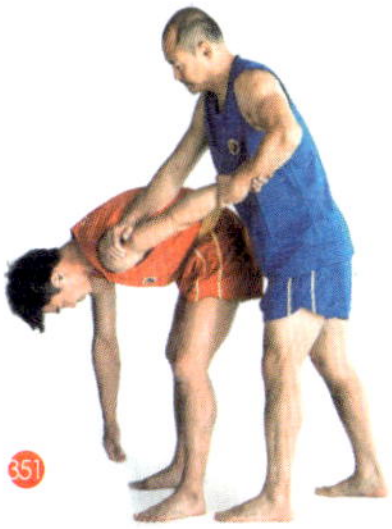
351

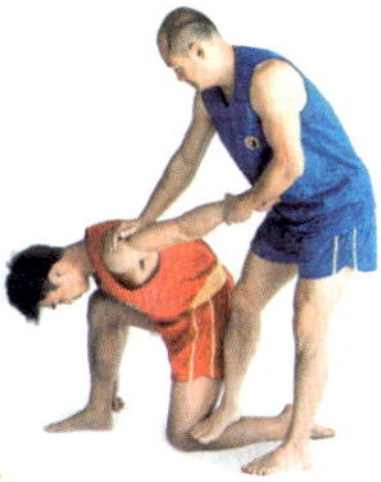
352

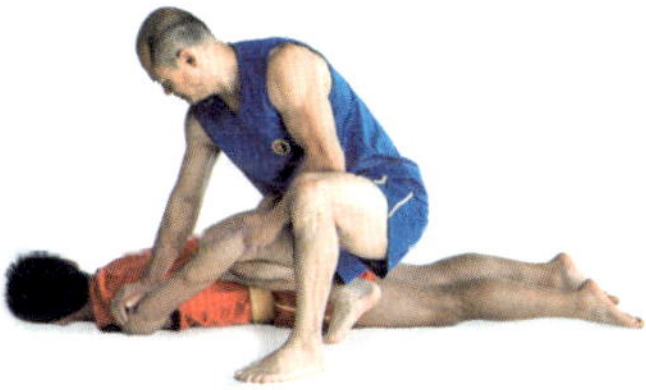
353

反击要点：

下蹲突然、有力，抓手腕紧，踏膝与左手回拉配合协调，回拉手腕与压肩动作同步。

八、挑臂别手蹬膝

准备姿势：敌在我正前方，双手抓握住我右手腕，拇指顶住我右手手背，卷折我右手腕（图 354）。

354

反击动作：

我左手紧扣敌腕上拉（图 355）。

左手迅速扣握住敌左手手腕，右臂屈肘内压（图 356），起右腿下踏敌左腿膝关节，同时左手回拉敌左手腕（图 357）。

右脚落步，左手拇指顶敌左手背，反拧其左手腕，同时右手成掌，推压敌左肩关节（图 358），将敌制服。

355

356

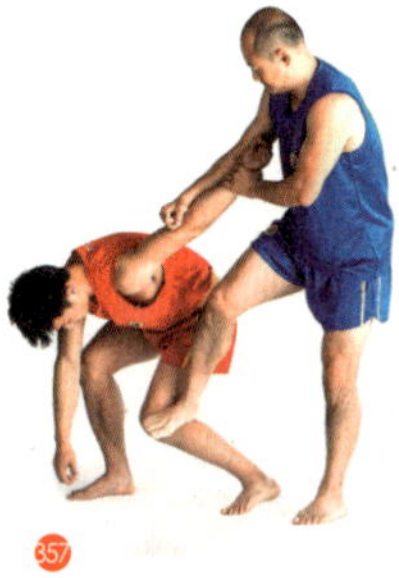
357

358

反击要点：

挑击突然、有力，扣手背紧，蹬膝与左手回拉配合协调，反拧手腕与压肩同时。必要时推倒敌人，使其成俯卧姿势。

九、弹踢裆扣手压肘

准备姿势：敌在我正前方，双手抓握住我右手腕，拇指顶住我右手手背，卷折我右手腕（图 359）。

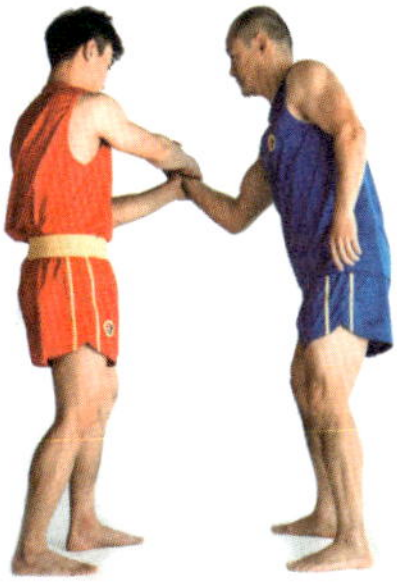

359

反击动作：

我左小臂由上向下朝外格挡敌右小臂（图 360），起左腿弹踢敌裆部（图 361）。

双手扣握住敌左手，卷折敌手背，左脚后撤步（图 362）。

左手反拧敌左手手背，右臂屈肘上抬下压敌左小臂，使右手顺势从敌之控制中解脱（图 363）。左手折卷敌左手腕，右肘下压敌左肘关节，使敌下蹲、左膝跪地（图 364），将敌制服。

360

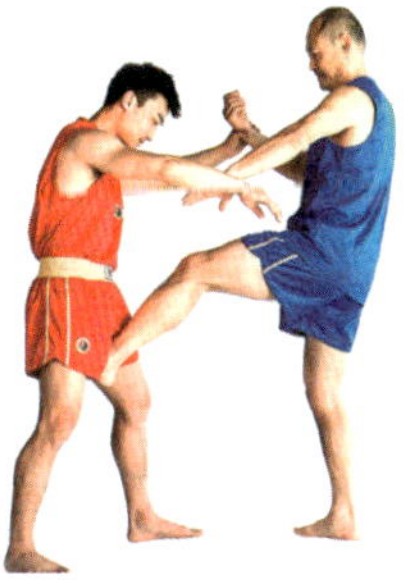

361

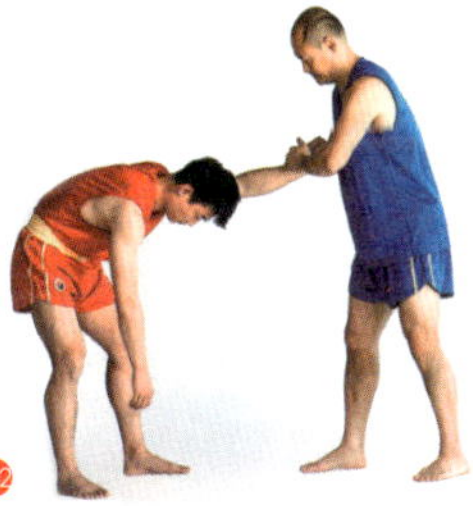

362

363

364

反击要点：

格挡敌小臂突然，弹踢裆准，扣手背牢，下压肘与反拧折腕配合协调。必要时，可将敌下压至俯卧姿势以便控制。

第三节　夺凶器擒敌

凡是以不法行为威胁他人或致他人伤残、死亡所用的器具或实物都叫作凶器。在日常生活中，一些工具和器械，如小刀、菜刀、斧子、雨伞等都可能被人拿来作为行凶的器械。徒手夺凶器是一项复杂又实用的特殊技术。它不仅要求动作熟练，而且在具体实施时，要求动作准确无误、大胆果断、出其不意，击打敌人要害要做到“稳、准、狠”，达到夺取凶器、制服敌人的目的。

匕首

短剑或狭长刀具统称匕首。匕首是一种短兵器，体积小，便于隐藏，可刺可砍。它是犯罪分子经常使用的一种凶器。

菜刀

菜刀是每个家庭必备的生活用具，也是犯罪分子常用的凶器之一。它锋利无比，杀伤力强，便于携带。

斧头

斧头是用于劈砍木材的常备器械，也是犯罪分子常用的一种凶器。

木棍

木棍随处可见，具有一定的杀伤力。因获取方便，经常被犯罪分子所使用。

一、徒手夺匕首

1. 击头顶裆

开始姿势：我自然行走或站立。敌在我正前方上右步，右手持匕首，向我胸（喉）部直刺（图 365）。

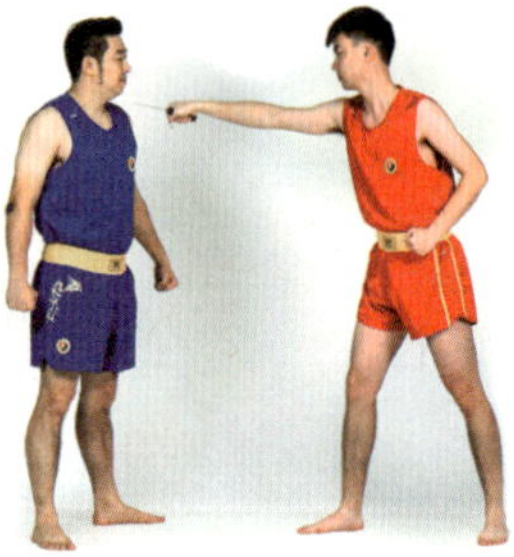
365

制敌动作：

我左脚向前上步，左臂向上屈抬，左手由里向外挡抓敌右手腕（图 366）。

而后我迅速抬右臂，屈肘横击敌头部（图 367）。

迅速抬右腿，用膝盖上顶敌腹部，同时用左手后拉其右手腕（图 368）。

366

367

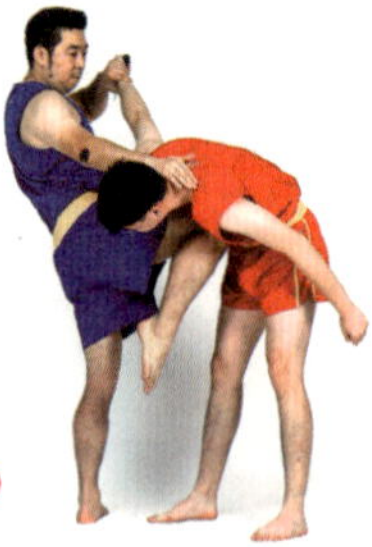
368

动作要点：

做此动作时，要注意匕首刺来的路线，及时挡抓。横击敌头部准确有力，抬腿快，顶裆狠。

2. 踹膝砸肘

开始姿势：我自然行走或站立。敌在我正前方上右步，右手持匕首，向我胸（喉）部直刺（图 369）。

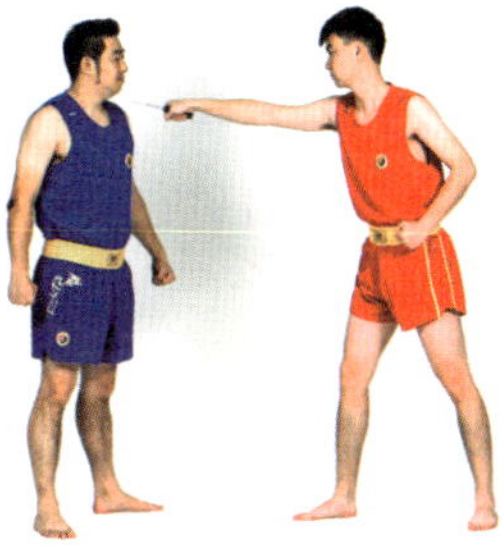
369

制敌动作：

我立即向左前方上步，身体右闪，抬右臂，用右手由外向里顺势抓握敌右手腕（图 370）。

我左手抓敌右肘，迅速起左脚下踹敌右腿膝关节（图 371）。

敌右腿跪地，我右手抓握敌右手腕，抬左臂由上向下砸压敌右臂肘关节（图 372），将敌制服。

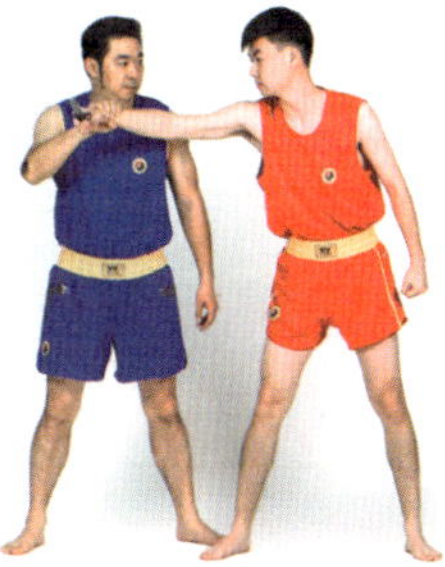
370

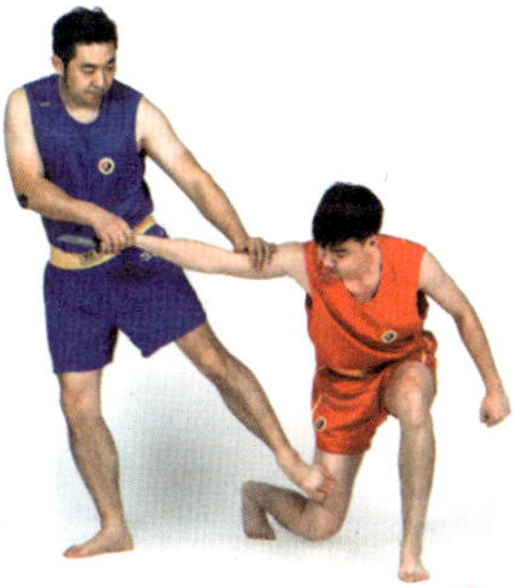
371

372

动作要点：

向外侧上步及闪身要快，右臂抓握准、牢。踹敌膝时，右手后拉敌右手腕，下砸敌肘关节有力。

3. 拉肘推腕

开始姿势：我自然行走或站立。敌在我正前方上右步，右手持匕首，向我胸（喉）部直刺（图 373）。

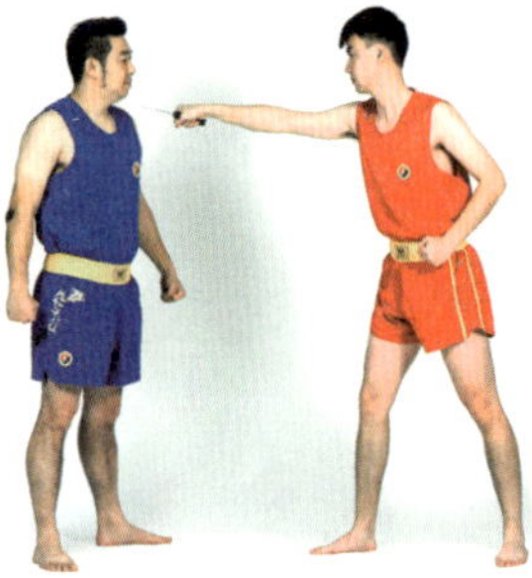

373

374

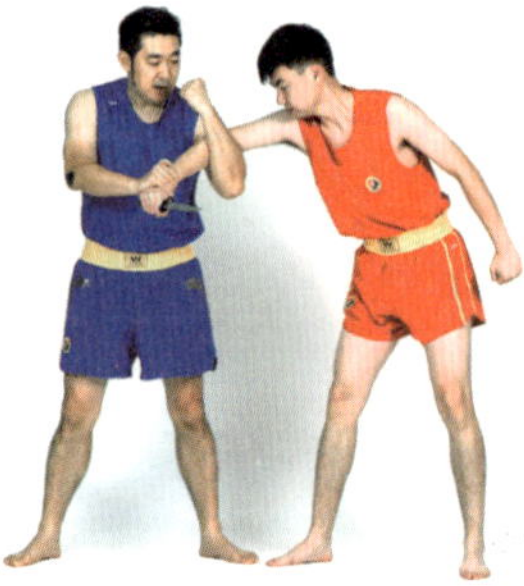

375

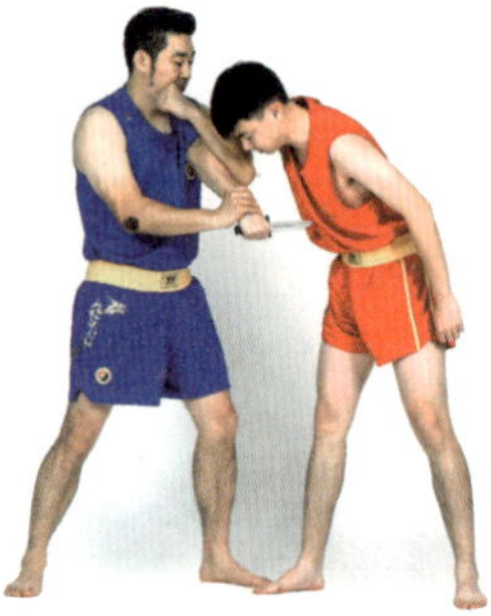

376

制敌动作：

我立即左前上步，身体右闪，抬右臂用右手由外向里顺势抓握敌右手腕（图 374）。

我左手由敌右肘下穿过，回拉其肘关节（图 375）。

拉敌肘同时，用右手反拧敌右手腕并前推，使匕首反刺其腹（图 376）。

动作要点：

要看清匕首刺来的方向，闪身及时，抓握敌右手腕准确、牢固，拉肘有力，推腕及时。

4. 压腕刺腹

开始姿势：我自然行走或站立。敌在我正前方上右步，右手握匕首，向我头（肩）部直刺（图 377）。

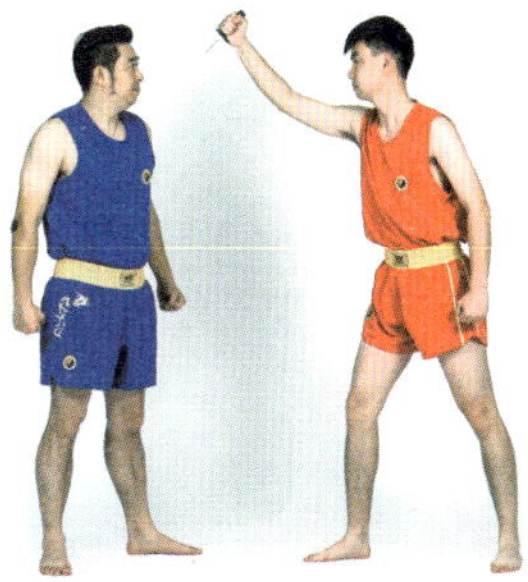
377

制敌动作：

我立即左前上步，身体右闪，抬右臂，用右手由外向里挡抓敌右手腕（图 378）。

我抓住敌手腕后，借敌下刺之势迅速下压其腕（图 379）。

我左手抓握敌右肘关节，回拉其肘部，同时右手推其右手腕反刺其腹（图 380）。

378

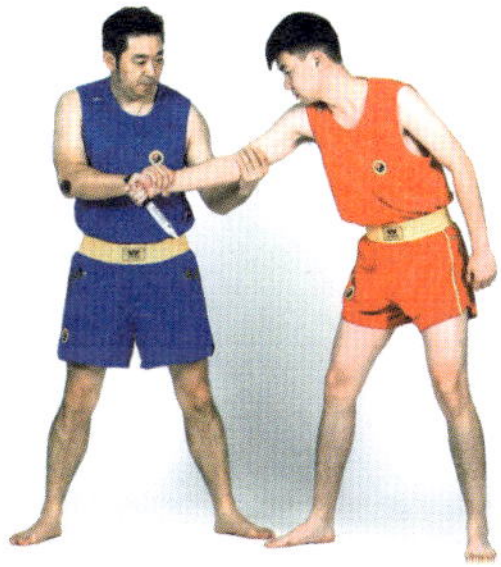
379

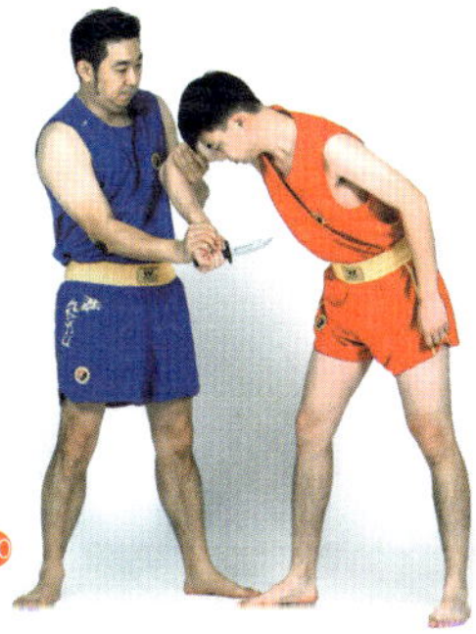
380

动作要点：

要看清匕首刺出的时机和方位，躲闪及时，挡抓、压腕快，拉肘突然，推腕与拉肘同时进行。

5. 踏膝拉腕

开始姿势：我自然行走或站立。敌在我正前方上右步，右手握匕首，由其左肩斜上方向我头（肩）部斜刺（图 381）。

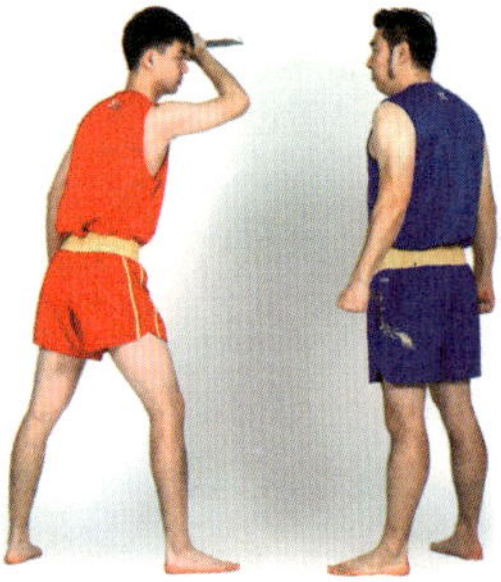

381

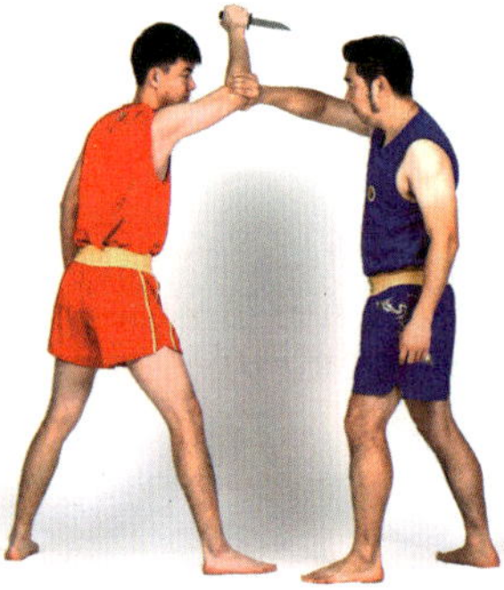

382

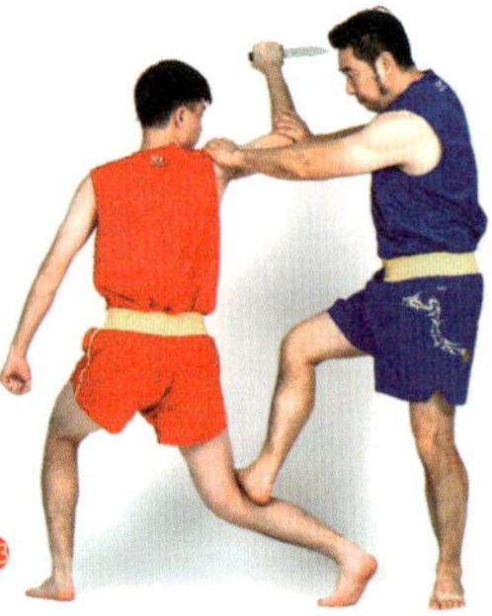

383

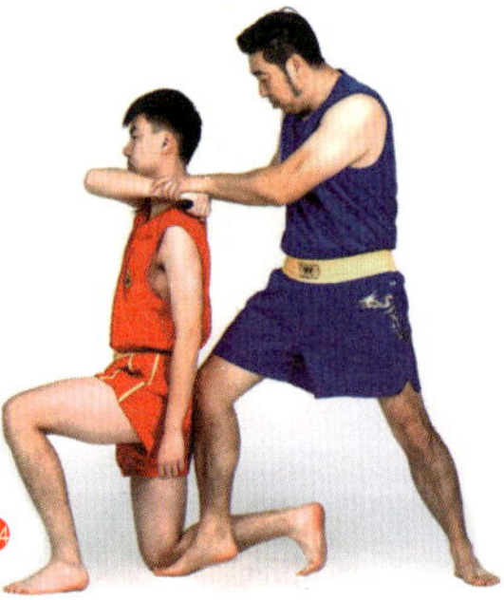

384

制敌动作：

我看到敌右手握匕首上摆时，立即上左步，右手推敌右肘（图 382）。

起右脚猛踹敌右腿膝关节后侧，迫其右腿跪地（图 383）。

右脚落地，左手由敌左肩上方穿过，抓握住敌右手腕后拉，右手向外扳敌下颌（图 384）。

动作要点：

注意敌握匕首的预摆动作，准确把握时机。推肘、踹膝突然、有力，拉腕紧，扳颌猛。

6. 格挡砸肘

开始姿势：我自然行走或站立。敌在我正前方上右步，右手正握匕首向我腹部刺出（图 385）。

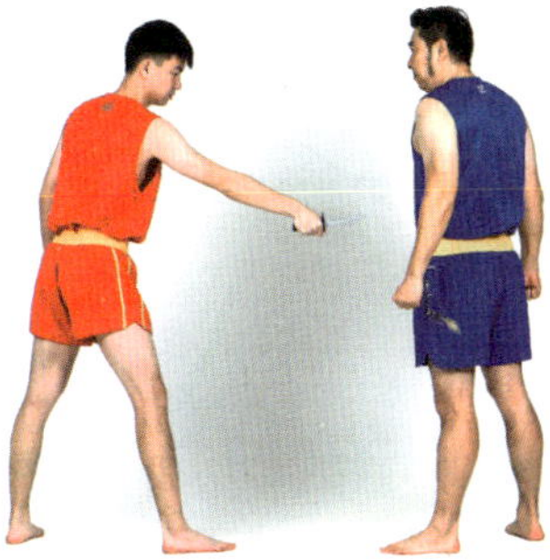
385

制敌动作：

我立即用左手向右侧格挡（图 386）。

我用右肘击打对手下颚（图 387）。

见对手因受击打而后仰，我再用左肘击打对手头部（图 388）。

386

387

388

动作要点：

要看清匕首刺出的方向，把握时机，格挡准，出肘有力。

7. 压肩顶腹

开始姿势：我自然行走或站立。敌在我正前方上右步，右手握匕首由其腹正前方向我腹部直刺（图 389）。

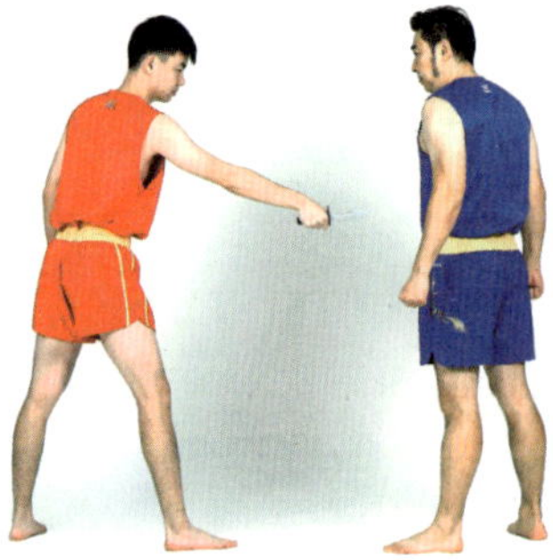
389

390

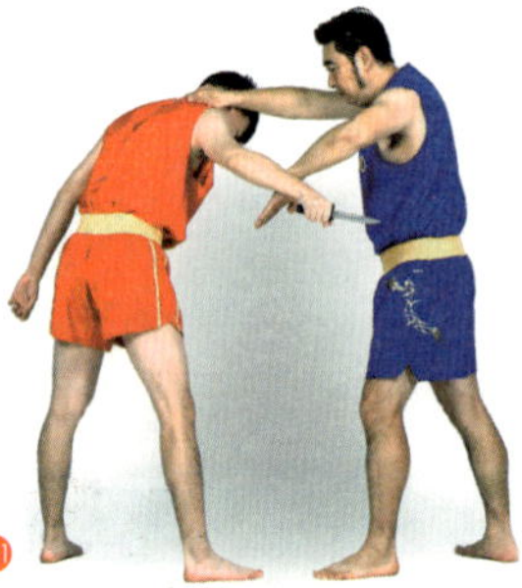
391

392

制敌动作：

我立即向前上左步，双臂下伸，双小臂在体前交叉成十字，下架挡敌右小臂（图 390）。

使敌匕首不能沿路线刺出后，我右手成掌猛砍敌颈部右侧（图 391）。

迅速用左手格架敌右手腕上托，右手砍敌颈后下压其肩，抬右腿，以右膝上顶敌腹部（图 392）。

动作要点：

看准敌匕首刺出的路线，架挡准确有力，砍颈狠，托腕和压肩同时进行，膝顶敌腹突然、有力，上下肢配合协调。

二、徒手夺斧头

1. 拉腿推肘

开始姿势：我自然站立或与敌格斗时，敌在我正前方上左步，右手持斧在其左肩上方摆动，向我头部砍来（图 393）。

393

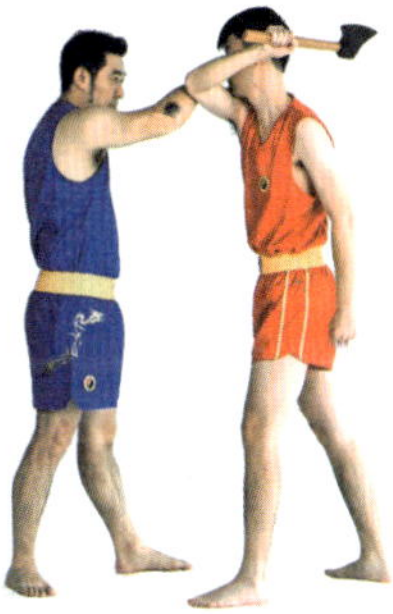
394

395

396

制敌动作：

我立即上左步，抬右小臂格挡敌右肘关节（图 394）。

我起右脚由外向里勾踢敌左小腿（图 395）。

我左手顺势抓握敌左小腿上拉，同时右手前推其右肘关节（图 396）。

动作要点：

推阻敌肘精准、及时，勾踢有力，抓敌腿上拉与推肘同时完成，上下肢配合协调。

2. 挡肘击肋

开始姿势：我自然行走时，敌在我正前，右手持斧由其右侧向我左肋砍来。（图 397）

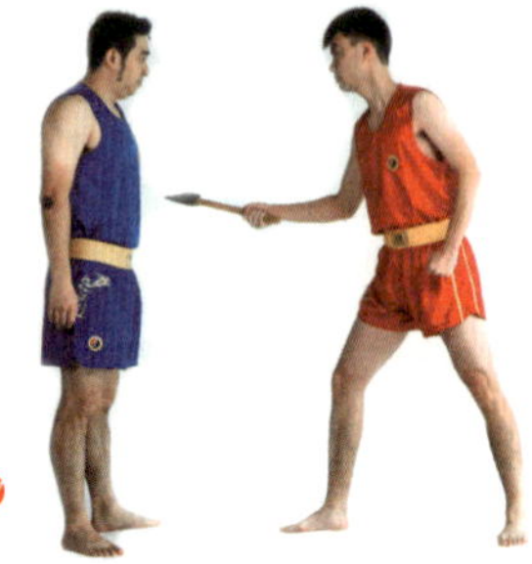

397

制敌动作：

我立即左闪身，向右侧后撤右脚，以右小臂格挡敌右小臂（图 398）。

左手顺势抓握住敌右手腕，同时右臂屈肘侧摆击敌右肋（图 399）。

右小臂上挑敌右肘，使其肘呈反关节，同时左手下压敌右手腕（图 400）。

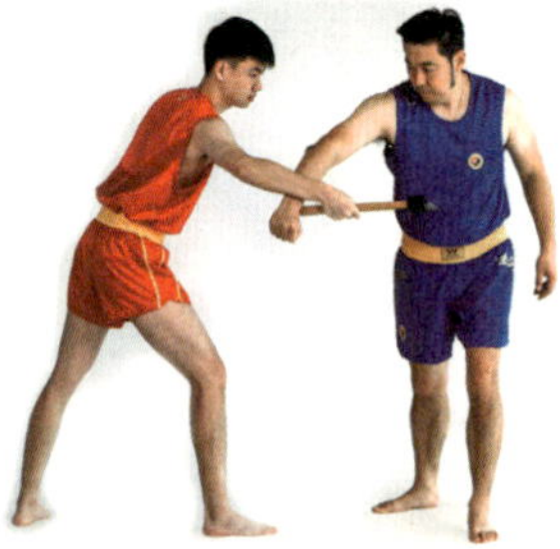

398

399

400

动作要点：

闪身撤步快，格挡及时，抓腕牢，挑肘有力，压腕与挑肘同时进行。

三、徒手夺酒瓶

1. 击头蹬膝

开始姿势：我自然站立或与敌格斗时，敌在我正前，右手持酒瓶由其右侧向我头部砸来（图 401）。

401

402

403

404

制敌动作：

我立即向前上左步，左闪身，双臂上举，用双小臂格挡敌右小臂（图 402）。

左手顺势抓握住敌右手腕，同时用右拳摆击敌面部（图 403）。

双手抓握敌右手腕回拉，同时起右脚侧蹬敌右腿膝关节（图 404）。

动作要点：

上步闪身快，格挡及时，抓腕紧，击面狠，蹬膝有力。

2. 摆拳击面

开始姿势：我自然站立或与敌格斗时，敌在我正前，上右步，右手持酒瓶由其右侧向我太阳穴砸来（图 405）。

405

制敌动作：

我立即向左侧上左步，双腿屈膝下蹲，躲过敌砸来的酒瓶（图 406）。

我身体上起，以左摆拳顺上起之势击敌右太阳穴（图 407）。

收左拳，同时出右直拳击敌面部（图 408）。

406

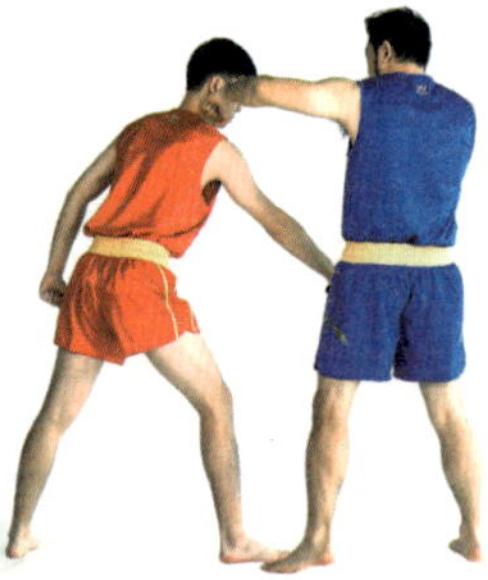

407

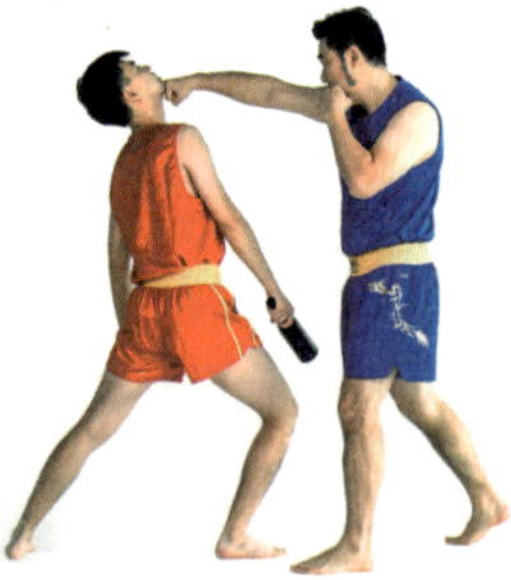

408

动作要点：

上步躲闪快，摆拳击头突然，直拳击头有力，动作连贯。

四、徒手夺菜刀

1. 夹臂打腿

开始动作：我自然站立或与敌格斗时，敌在我正前，右手持菜刀由上向下砍向我头部（图 409）。

409

410

411

412

制敌动作：

我立即向左前方上左步，右闪身，左手顺势抓握住敌右手腕（图 410）。

左脚向敌右脚前上步，同时左臂屈肘由敌右臂上方伸过，夹住其右臂（图 411）。

我右手握刀柄反拧，同时右脚向左侧上步，身体左转，用左腿别敌右腿（图 412）。

动作要点：

上步闪身快，抓腕牢，夹臂紧，转身别腿有力。

2. 推肘扛摔

开始姿势：我自然站立或与敌格斗时，敌在我正前，右手持菜刀由其左侧向我右侧颈部砍来（图 413）。

413

制敌动作：

当敌预摆菜刀时，我立即向前上左步，右手推抓敌右手腕（图 414）。

我右转身向敌左前方上左步，左肩由敌右臂下穿过，上扛其臂，左手抱住敌右臂（图 415），双腿屈蹲（图 416）。

我双腿蹬直，弯腰低头，双手下拉敌右臂，将敌过背摔倒（图 417）。

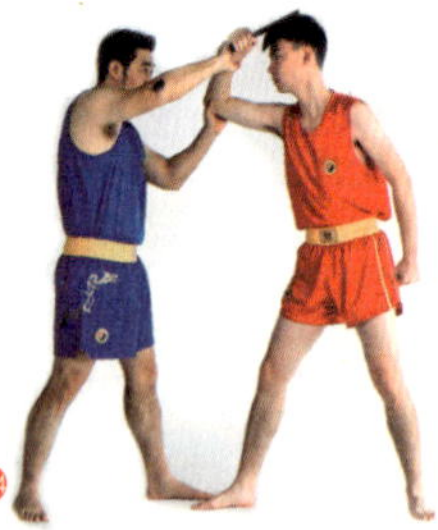
414

415

416

417

动作要点：

上步推，抓腕快，转体扛臂及时，蹬腿、弯腰、低头同时完成，动作协调连贯。

第四节　复杂条件下的格斗术

复杂条件下的格斗术是指在周围环境的制约下，利用当时的地形、地物与敌格斗的技法招数，包括：

利用墙壁的格斗

当暴徒用匕首将我逼到背靠墙时，我的活动范围受到限制。在这种情况下，我可寻找时机，运用灵活多变的招法，将暴徒顶至墙壁，然后制服。

利用柱子的格斗

在柱子多的地方与暴徒格斗时，应注意地形、地貌特征，利用柱子掩护自身、攻击暴徒。在格斗中还可将暴徒关节别、撞至柱子上。

面对复杂情况，我们应充分利用地形、地物的特点，结合有效的格斗方法来制服敌人。

一、掐喉撞墙

开始姿势：我自然站立，暴徒右手持匕首指向我喉部，逼迫我背靠墙（图 418）。

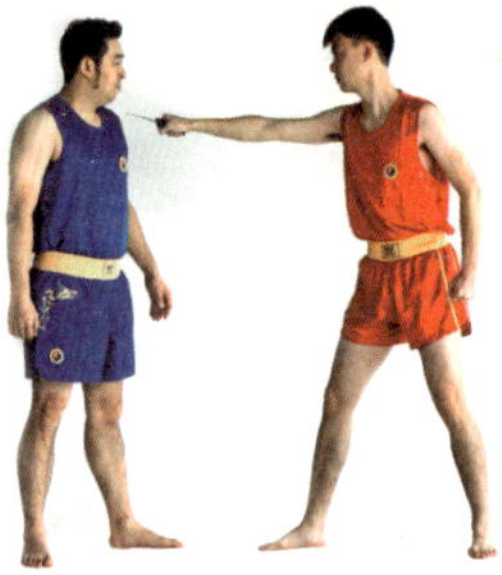
418

制敌动作：

我立即用左小臂由里向外格挡暴徒右小臂（图 419）。

我左手抓推暴徒右手腕，右脚向暴徒右腿后方上步，右手成八字掌掐推其喉部（图 420）。

我身体左转，左手将暴徒右手腕向墙上推压，右手推掐其喉，使其后脑撞墙（图 421）。

419

420

421

动作要点：

把握时机准确，格挡及时，抓腕紧，上步快，掐推喉有力，转体协调。

二、抓腕顶颌

开始姿势：我与暴徒在墙边格斗时，暴徒右手持匕首，指我喉（胸）威胁我（图 422）。

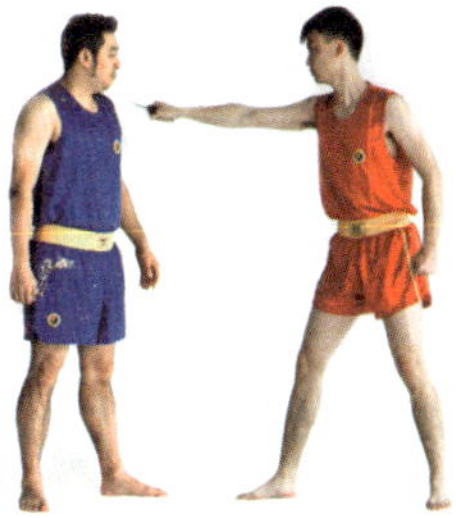
422

423

424

425

426

制敌动作：

我立即用左小臂由里向外格挡暴徒右小臂（图 423）。

格挡后，我立即用左手抓住暴徒右手腕（图 424）。

我左手将暴徒右手腕向墙上推按，同时向左转体，屈抬右臂，用右肘横顶暴徒下颌（图 425），随后肘部紧卡暴徒咽喉，利用墙壁控制暴徒（图 426）。

动作要点：

抓腕快、紧，推按腕有力，转体及时，肘顶下颌准、狠。

三、推腕顶腹

开始姿势：我在柱子旁与暴徒格斗时（图 427），暴徒用右拳向我进攻。

427

428

429

430

制敌动作：

当暴徒用右拳击我面部时，我迅速用左小臂格挡暴徒右小臂（图 428）。

我用左手抓握住暴徒右手腕，向柱子方向猛推，使其右肘撞击柱子（图 429）

趁暴徒负痛之际，我起右膝顶暴徒腹部（图 430）。

动作要点：

在做动作时，应注意暴徒与柱子的距离。格挡快，抓腕牢，推腕有力，顶腹狠。

四、绕臂锁喉

开始姿势：我在柱子旁与暴徒格斗时（图 431），暴徒用右直拳向我进攻。

431

制敌动作：

当敌用右直拳击我面部时，我向左侧上右步，用右小臂格挡敌右小臂，使其右肘撞在柱子上（图 432）。

我用左手抓握住暴徒右手腕（图 433）。

我左手拉暴徒右手腕，使其右臂缠绕在柱子上，我右手置暴徒右肩上，屈臂锁住暴徒喉部（图 434）。

432

433

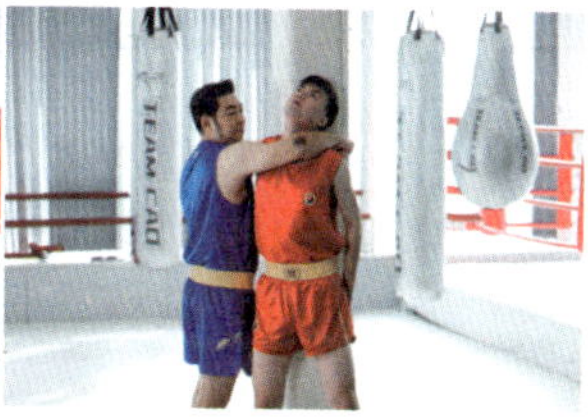

434

动作要点：

要注意暴徒与柱子之间的距离。格臂及时，抓腕牢，绕臂快，锁喉紧。

五、抓脚撞膝

开始姿势：我在柱子旁与暴徒格斗时，暴徒屈抬左腿欲向我踢来（图 435）。

435

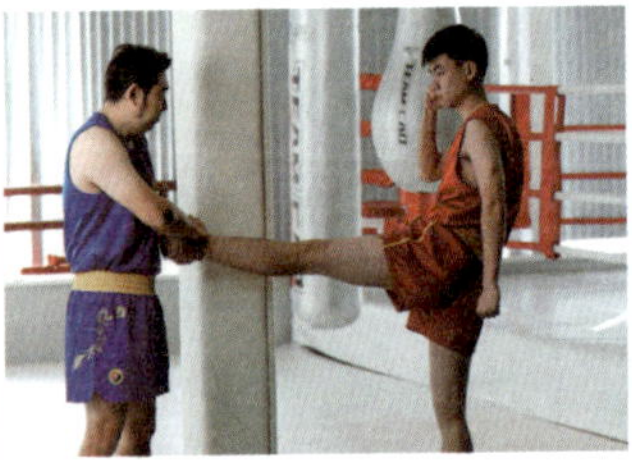

436

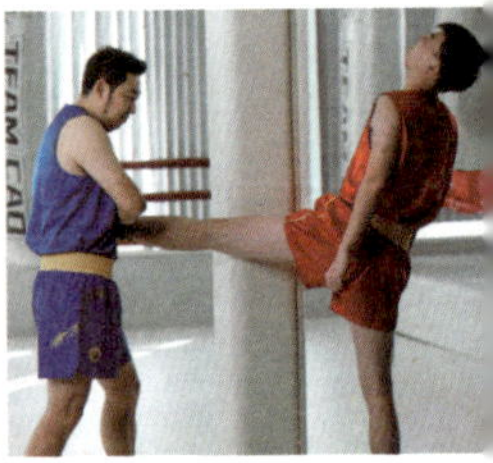

437

制敌动作：

当暴徒发起进攻时，我立即向后撤左步，双手顺势抓握住暴徒左脚（图 436）

我向左转体，双手抓住暴徒左脚，利用柱子撞击暴徒左膝关节（图 437）。

动作要点：

抓脚快、牢，撞击有力。

第五节 警棍（木棍）的使用

警棍是执法者常用的警械之一，木棍也是格斗中使用频率很高的器械。两者的作用广泛，攻击性强，防守严密牢靠，攻防灵活。使用警棍（木棍）的方法可归纳为：拳腿诱敌，棍击在后；持棍诱敌，拳腿击打在后；架棍脚踢，劈盖击敌等。

持警棍（木棍）作战的基本要求是：既能迅速向敌发起进攻，又能防守，以达到制服对方、保护自己的目的。

使用警棍（木棍）的基本姿势与攻击策略，大致可分为两类：一类是隐藏警棍（木棍），外表平和；另一类是保持实战姿势，随时准备与敌格斗。

下面介绍使用警棍（木棍）的一些基本技法。

一、手持警棍（木棍）的技法

1. 腋下藏棍式

438

动作要领：

右手正握警棍，将警棍水平置于左腋下。左手从警棍和右小臂下方向穿过，抱住右大臂，使警棍藏于左腋下。两腿左右分开自然站立，约与肩同宽，目视前方。（图 438）

动作要点：

此姿势为两手抱臂，显得轻松自然，使警棍藏而不露，便于突然发起攻击。

2. 腿后藏棍式

439

动作要领：

右手正握警棍，右臂自然下垂，使警棍下垂、藏于右腿右侧后方；左脚向左前迈出半步，身体半面向右转，目视前方。（图 439）

动作要点：

此姿势与自然站立姿势一致，将警棍藏于右腿后，可远离对方，避免被对方抓抢；腾出左手，既灵活多变，又可突然发起进攻。

3. 臂后藏棍式

动作要领：

右手反握警棍，右臂自然下垂，使警棍前端向上藏于右臂后，左脚向左前方迈出半步，身体半面向右转，目视前方。（图 440）

440

动作要点：

此姿势将警棍藏于右臂后，远离对方，不易被抢夺；可腾出左手，先做出虚晃动作，再用警棍直接进攻。

4. 持棍格斗式

动作要领：

右手正握警棍，置于右腹处，使警棍斜立于胸前，警棍上端约与鼻同高。左脚向左前方迈出半步，身体半面右转，两膝微屈，使身体重心大部分落于右脚。左手握拳，左臂前伸，左肘关节弯曲约 90 度，左拳与下颌同高。两肘下垂自然护肋，下颌内收，目视前方。（图 441）

441

动作要点：

此姿势的特点是实战性强，防守严密，适用于与犯罪分子等敌人进行格斗。在此姿势下，可用警棍或左小臂做格、架、挡、截等防守，也可用警棍直刺、斜砍、横扫等攻击敌方。本动作要求身体自然放松，含胸、收腹、收下颌，目视敌方，余光环视敌方全身。

5. 持棍击剑式

442

动作要领：

右手正握警棍前伸，右肘微屈，使警棍前端向前上方，约与头同高；右脚向前一步，身体半面左转，两腿自然弯曲，身体重心大部分落于左脚；左手握拳置于胸前，下颌微收，目视前方。（图 442）

动作要点：

此姿势能发挥警棍的长度优势，以攻为守，先发制人。要求身体自然放松，右臂前伸，侧向对方，目视对方双肩，用余光环视对方全身，随时准备与对方进行攻防格斗。

6. 双手持棍式

443

动作要领：

双手合握警棍手柄，两臂前伸、微弯曲，使警棍竖立于身体左前方，警棍上端约与头同高；左脚前跨一步，身体半面右转，两腿自然弯曲，身体重心大部分落于右脚，下颌微收，目视前方。（图 443）

动作要点：

此姿势能充分发挥两臂的力量，增强攻击的力度，适用于与持械之敌格斗。在此姿势下，可用警棍以斜砍、竖劈、横扫等方法攻击对方，也可用警棍防守进攻。

7. 双手横推式

动作要领：

右手正握警棍手柄，左手抓握警棍前端，两臂自然前伸，使警棍横于胸前；左脚向前半步，身体微右转，两腿自然弯曲，身体重心大部分落于右脚，下颌微收，目视前方。（图444）

444

动作要点：

此姿势稳定性强，防守面积大，适用于与持械之敌进行格斗。攻击时，只需松开左手，便可以右手挥动警棍攻击对方。注意上、下、左、右防守转换要迅速，换手击打要迅猛。

二、使用警棍（木棍）的技法

使用警棍（木棍）与敌格斗时，要充分发挥警棍电击、劈打、捅刺、撩架、格压等技法优势，不能胡乱劈打、盲目攻击。攻击时，根据具体情况，灵活使用技法，动作要快速、准确、有力。

1. 劈盖击头

动作要领：我右手握警棍上举（图 445），由上向下向前劈盖敌头部（图 446）。

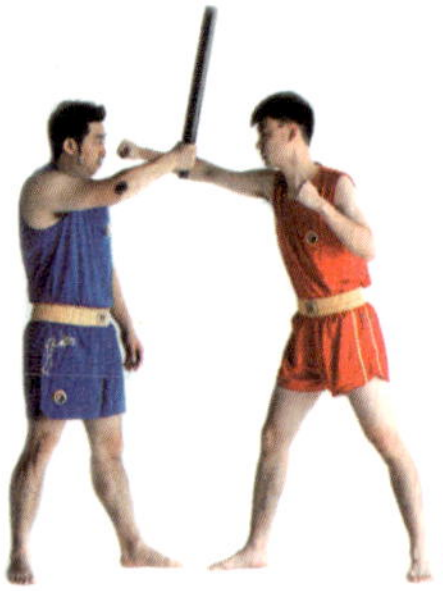
445

446

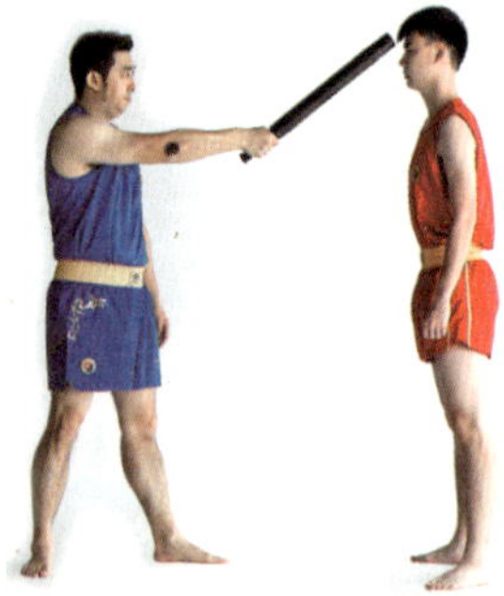
447

2. 点捅刺面

动作要领：我右手持警棍于胸前，看准攻击时机，向前直刺敌方面部（图 447）。

3. 右斜打颈

动作要领：我右手持警棍右斜上举，迅速向敌方左侧颈部斜打（图 448）。

448

4. 左斜打颈

动作要领：我右手握警棍左斜上举，向敌右侧颈部斜打（图 449）。

449

450

5. 斜打击膝

动作要领：我右手握警棍向下垂，而后屈膝向敌左腿膝关节斜打（图 450）。

6. 下刺捅腹

动作要领：我右手持握警棍，右臂下垂，而后抬臂与警棍成 180 度角，向前捅刺敌腹部（图 451）。

451

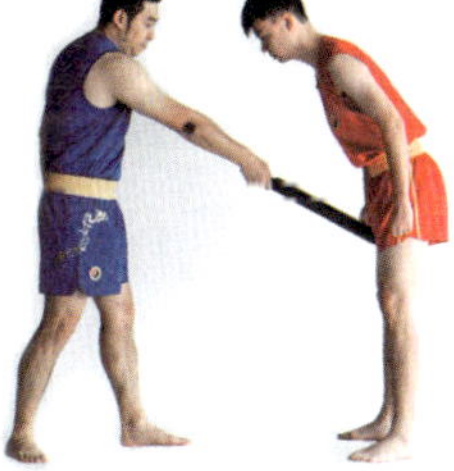
452

7. 下撩击裆

动作要领：我右手握警棍下垂，而后用警棍撩击敌裆部（图 452）。

8. 棍根顶腹

动作要领：我向前上右步，左转体，右手握警棍，使警棍根部向前，顶击对方腹部(图453)。

453

454

9. 向外格挡

动作要领：当敌用匕首直刺我胸部时，我立即左闪身，右手用警棍由里向外格挡敌右小臂（图 454），而后右斜击打敌颈部。

10. 向内格挡

动作要领：当敌用匕首直刺我胸部或面部时，我立即向左侧上步，左闪身，右手持警棍由外向内格挡敌右小臂（图 455），而后右斜击打敌颈部。

455

456

11. 撤步格压

动作要领：当敌用匕首刺我裆部或腿部时，我立即向后撤步，用警棍由外向内格压敌右手（图 456），然后进行攻击。

12. 警棍托架

动作要领：当敌用匕首上刺我头部或肩部时，我双手持警棍两端，用警棍中部向上托架住敌右手腕（图 457），而后起脚踢敌裆部。

457

458

13. 警棍截压

动作要领：当敌用匕首下刺我腿部或裆部时，我立即向后撤步，同时双手持警棍两端用警棍中部截压敌小臂（图 458）。如敌用脚弹踢我裆部，也可用此法截压敌小腿（图 459），然后左手放开警棍梢部，用其攻击敌头部。

459

460

14. 格腿盖头

动作要领：当敌起右腿侧蹬我膝关节时，我立即向后撤步，右手持警棍由外向内格挡敌右小腿（图 460），然后盖击敌头部（图 461）。

461

15. 截腿打颈

动作要领：当敌方起右腿，用脚侧弹踢我左肋时，我立即向前上右步，右闪身，双手握住警棍向左侧推，用警棍中部截挡住敌方右小腿（图462），而后左手放开棍梢，右手持警棍左斜打敌左颈部（图463）。

462

463

16. 别肘卡颈

动作顺序：

我左手抓握住暴徒右手腕向外翻拧（图464）。

右手正握警棍由暴徒右臂下伸过，警棍上挑，由外击打暴徒肘关节（图465）。

用右小臂别住暴徒右肘关节，同时右手用警棍别住其喉、颈部（图466）。

464

465

466

动作要点：

抓腕牢，别肘有力，警棍别喉、颈紧。如果暴徒反抗，可电其颈部。

17. 推腕别臂

动作顺序：

（1）我左手抓握住暴徒右手腕（图 467），右手反握警棍上挑暴徒右肘窝（图 468）。

（2）上步、转体，左手推暴徒右手腕，右手用警棍别撬住其右臂（图 469）。

467

468

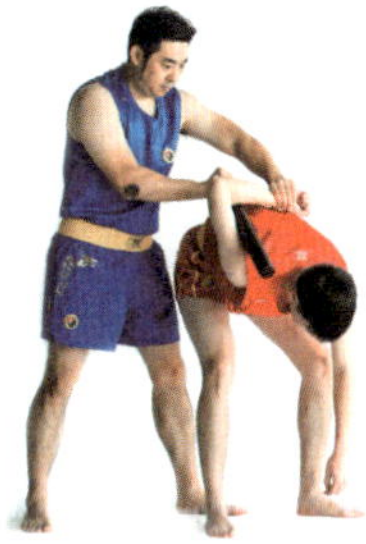
469

动作要点：

抓腕牢，挑肘窝有力，推腕快，别臂紧。暴徒反抗时，可用警棍上撬其右小臂。

18. 拉腕别颈

动作顺序：

我在暴徒左后侧，左手抓握其左手腕上拉，右手正握警棍由其左臂前穿过（图 470）。

470

左手向左后方拉暴徒左手腕，右手用警棍别住其后颈部（图 471）。

471

动作要点：

抓握手腕有力，警棍下压狠，警棍下压敌颈部和上拉其左臂要同步。

19. 翻腕压肘

动作顺序：

我在暴徒左后侧，左手翻拧住暴徒左手腕，拇指顶住暴徒左手手背，折卷其左手腕（图 472）。

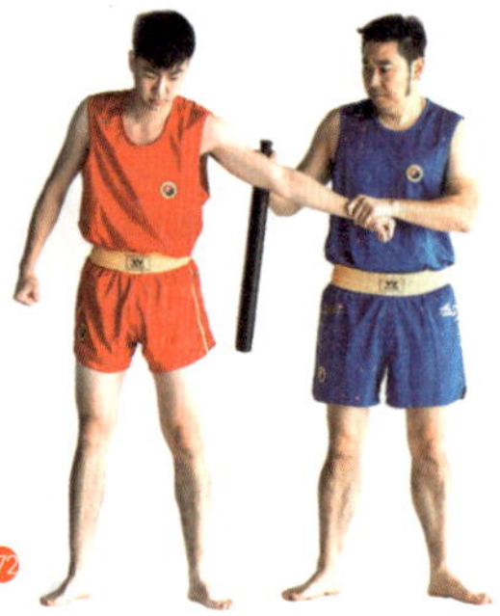

472

右手反握警棍，用警棍中部格压暴徒颈部，同时上拉其左臂，将其制服（图 473）。

动作要点：

折卷手腕有力，警棍格压狠，警棍格压敌颈部和上拉其左臂要同步。

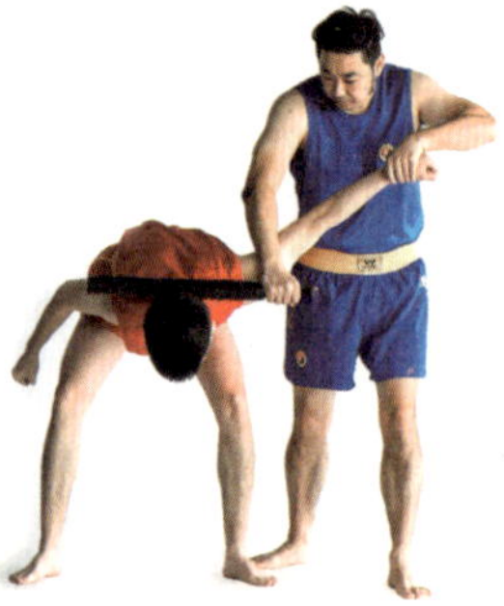

473

474

20. 锁喉拖拉

动作顺序：

我在暴徒背后，右手反握警棍，由暴徒左肩上方伸过（图 474）。

左手由暴徒右肩上方穿过，双臂相交，用警棍锁住暴徒喉部（图 475）。

475

动作要点：

此法可用于警察押解亡命之徒。警察在押解时，向后撤步拖拉警察，锁喉力量要适当，否则可能使暴徒窒息死亡。

21. 锁颈拖拉

动作顺序：

我在暴徒背后，用右手持警棍由暴徒右臂下穿过（图 476）。

左手从暴徒左臂下穿过，右手持警棍使棍梢至暴徒颈后（图 477）。

左手抓握住棍梢，锁住暴徒颈部（图 478、图 479）。

476

477

478

479

动作要点：

穿臂果断，抓棍梢牢，锁颈紧。警察在押解时，向后撤步拖拉暴徒，如遇反抗，只要加大锁颈力度即可。

第四章　专项素质训练

专项素质训练是指在掌握格斗的基本技术以后，连贯、有针对性的训练，其目的是达到动力定型、提高竞技水平。

第一节　柔韧练习

柔韧是指以最大幅度完成动作的能力，取决于相关肌肉、韧带和关节活动范围的大小。做柔韧练习时，一定要坚持先做准备活动，活动身体主要关节部位，使身体发热，再由轻到重、由简单到复杂进行练习。下面介绍一些提高柔韧性的方法：

原地或行进间的扩胸、振臂、转体和体侧运动。

大臂绕环，腰部绕环，颈部绕环。

俯腰，甩臂抱膀。

跪立，两臂垂于体侧，随后上体后仰，头肩部着地，再复原成跪立姿势。重复数次。

仰卧，举一腿伸直，勾脚尖，两手握该脚踝，另一腿伸直。两腿交替做。

肩肘倒立，两腿绷直，接着向头部方向直腿下，待脚尖触地后复成肩肘倒立。

跨栏坐：前腿伸直，后腿大腿与小腿摆成直角，上体前倒。两腿交替进行。

纵叉：两腿前后分开成纵叉。两腿交替做。

仆步压腿：一腿屈膝下蹲；另一腿侧伸成右仆步，脚尖绷直，内扣。两腿交替进行。

正压腿：一腿架在桌子或肋木上，伸直，勾脚；另一腿支撑，脚尖向前，身体面向正前方，两手抓握勾脚的脚尖。两腿交替进行。

侧压腿：一腿放在肋木上，高度可自己选择，腿伸直，勾脚尖，支撑腿脚尖外摆成 90 度，身体侧向肋木，用头够腿膝关节。

后压腿：背向肋木站立，一腿放在肋木上，另一腿站立，身体正直后仰做反弓形，腰腹前挺，头后仰。两腿交替进行。

压肩：两手扶握肋木，两腿伸直，塌腰，上下振动。

正踢腿：两腿并立，两臂侧平举，两手成立掌，目视前方，左脚上半步支撑站立，右脚脚尖上勾，向前额踢。左右脚交替进行。

侧踢腿：两脚开立，两臂侧平举，两手成立掌，左脚上半步，脚尖外摆，身体左转踢出右腿，脚尖上勾；右手由后向前划于裆部，左手上举。两腿交替进行。

里合腿：两脚开立，两臂侧平举，两手成立掌，左脚上半步，右腿由右向左耳方向踢摆。两腿交替进行。

外摆腿：两脚开立，两臂侧平举，两手成立掌，左脚上半步，右腿由左向右摆踢。两腿交替进行。

第二节 功力训练

拳谚云："练拳先练功。"所谓"功"，就是指基本功。练拳不练功，如同水上浮萍，根无所据；练功力则本固枝荣。经常练习不仅能提高身体素质和动作质量，而且能为实战打下良好的基础。练习时不能急于求成，否则只能是有拳而无力、有架而无形、有招而无用的"花拳绣腿"。"打拳不练功，到老一场空。"练习功力还需持之以恒。

一、击打移动靶

击打移动靶，主要以提高练习者击打的速度、准确性及反应能力为目的，同时也是纠正练习者击打姿势、方法的一种手段。练习时，首先打固定靶，出靶者与打靶者保持一定的实战距离，移动步法，做突然出靶或变换靶位练习。在固定练习时，出靶者出靶的靶面、距离不变，让打靶者配合步法做两种不同的攻击动作。这种练习可提高打靶者动作的正确性、击打的准确性、击打的速度及步法与攻击动作的协调配合能力。打移动靶练习时，出靶者出靶可忽上忽下、忽左忽右、忽远忽近，不要给打靶者过多的反应时间，根据打靶者的熟练程度进行调整。如打靶者距离近或只顾击打时，出靶者也可用靶或腿主动攻击打靶者。这不仅能提高打靶者实战的距离感、击打的反应速度，还能改善打靶者的思维判断能力。

下面列举几种击打移动靶的方法，以求达到使练习者能够举一反三的目的。

1. 击打方法一

出靶方法：

双手持靶与打靶者保持一定的实战距离，左手在自己胸前，靶面向前，右手在自己头部左侧，靶面向左，双手突然出靶。

480

481

击打动作：

双手握拳，先用左直拳击打左靶（图 480），再用右直拳击打右靶（图 481）。

482

483

双手握拳，先用左直拳击打左靶（图 482），再用右摆拳击打右靶（图 483）。

484

485

双手握拳，先用左直拳击打左靶（图 484），再用右勾拳击打右靶（图 485）。

动作要点：

两人保持实战距离，先做步法移动练习，当看准出靶方向后，打靶者结合步法迅速击打。两人动作连接要快，打完后迅速撤步保持原距离，移动步法要灵活。

2. 击打方法二

出靶方法：

双手持靶，与打靶者保持一定的实战距离。右手在自己头部左侧，靶面向左，左手在自己腹前，靶面向下，突然向前移动步法并迅速出靶。

击打动作：

左腿屈膝上抬，随即用左膝上顶其左靶（图 486），而后左脚落步，屈右臂，用右肘横击其右靶（图 487）。

486

487

屈左臂，用左肘横击其左靶（图 488），右腿屈膝上抬，随即用右膝上顶其左靶（图 489）。

488

489

490

491

双手握拳，先用左拳勾击其左靶（图490），而后用右拳摆击其右靶（图491）。

动作要点：

两人保持一定的实战距离。开始前先做前后滑步练习，出靶者突然上步出靶，做到出靶快，同时上步。打靶者要快速反应，做到出击快，同时上步。打靶者要准确判断靶位，距离近时可用膝、肘，距离远时可用拳、腿。使用腿时，先移动步法调整距离，攻击动作要快，连接要紧，击打准而有力。

3. 击打方法三

出靶方法：

持靶者与打靶者在实战距离的基础上做步法移动练习，左手持靶位于身体左侧，右手持靶在身体右侧头部位置。

击打动作：

起左腿，用左脚侧踹其左靶（图 492），左腿直接落步，以右直拳击打其右靶（图 493）。

起左腿，用左鞭腿踢其左靶（图 494），左腿直接落步，以右直拳击打其右靶（图 495）。

起左腿，用左脚侧踹其左靶（图 496），左腿直接落步，右腿屈膝上抬，随即用右膝上顶其左靶（图 497）。

动作要点：

持靶者保持实战距离，出靶突然；打靶者准确判断靶位，击打动作准确、有力，上下肢配合协调，出腿踹踢后落步与右拳击打应同时进行。用膝撞顶时，注意送髋，发力要短促。击打中应提高动作连接的快速性及步法配合的协调性。

4. 击打方法四

出靶方法：

持靶者与打靶者在保持实战距离的基础上做步法移动练习，持靶者左手持靶于身体左侧，靶面向右。打靶者练习左鞭腿与右鞭腿、蹬腿、踹腿的组合腿法。

击打动作：

屈抬左腿，脚面绷直，起左鞭腿踢靶（图 498），左脚向后回收落步；再起右鞭腿踢靶（图 499）。

屈抬左腿，脚面绷直，起左鞭腿踢靶（图 500），左脚向后回收落步；再起右蹬腿击靶（图 501）。

屈抬左腿，脚面绷直，起左鞭腿踢靶（图 502），左脚向后回收落步；再起左侧踹腿击靶（图 503）。

498

499

500

501

502

503

动作要点：

击打前，两人做步法移动练习。持靶者出靶要突然；打靶者注意击打距离，准确判断，起腿迅速，踢腿准、快，落步及时，两次击打动作要连贯。

5. 击打方法五

出靶动作：

持靶者双手持靶与打靶者面对面，保持实战距离，打靶者练习拳法与膝、肘的结合。

击打方法：

用左、右直拳击靶（图 504、图 505），然后右腿屈膝上抬，随即用右膝上顶左靶（图 506）。

04

505

506

用左、右直拳击靶（图 507、图 508），收右拳，同时左臂屈肘横击左靶（图 509）。

07

508

509

用左、右直拳击靶（图 510、图 511），收右拳，同时左臂屈肘挑击左靶（图 512）。

510

511

512

动作要点：

出靶者要出靶到位，出靶突然；打靶者判断靶位要准确，击打快速、果断，动作连接紧，发力短促，上下肢配合协调，拳击靶时手腕绷直，膝击送髋，肘击应及时、有力，二次击打后移动步法，反复练习。

6. 击打方法六

出靶动作：

持靶者双手持靶与打靶者面对面，保持实战距离，做移动步法练习，持侧踹腿靶时，左手屈臂，持靶于左胸前，靶面直立向前，突然出靶，侧踹腿后，后撤一步接其他动作。

击打方法：

右脚垫步（图 513），起左腿侧踹击靶（图 514）。持靶者撤步，同时击靶者左腿落步，用右鞭腿踢靶（图 515）。

513

514

515

右脚垫步（图 516），起左腿侧踹击靶（图 517）。持靶者撤步，同时击靶者左腿落步，用右蹬腿踢靶（图 518）。

516

517

518

起左腿侧踹击靶（图 519），落步后出右直拳击靶（图 520），收拳，起右膝攻击（图 521）。

519

520

521

动作要点：

持靶者要保持好实战距离，出靶一定要突然；击靶者判断好靶面，垫步快，鞭腿、侧踹准，二次击打连接紧凑。特别要注意的是：当击靶者侧踹后，持靶者要及时撤步，与击靶者拉开距离。此法主要练习击靶者击打动作与步法配合的协调性。

7. 击打方法七

出靶动作：

持靶者双手持靶与打靶者保持一定的实战距离。持靶者突然上步，左手用靶摆击、直击打靶者头部；击打其头部后，把左靶收于腹前，靶面向下，右手持靶于自己面部，靶面向左侧出靶。

击打方法：

击打者双腿屈膝，下潜躲闪持靶者左靶摆击（图 522），而后用右摆拳击右手靶（图 523），屈抬右腿，用膝上顶其左靶（图 524）。

522

523

524

击靶者双腿屈膝，下潜躲闪过持靶者左靶摆击（图 525），而后用右摆拳击其右靶（图 526），用左勾拳击其左靶（图 527）。

525

526

527

击靶者双腿微屈，下潜躲过持靶者左靶直击，同时出左手直拳击打对手腹部（图 528），而后用右摆拳击其右靶（图 529），用左勾拳击其左靶（图 530）。

528

529

530

动作要点：

持靶者上步、摆击突然，打靶者判断准确，下潜躲闪后反击要连贯、迅速，膝顶时送髋，发力短促，二次击打完撤步，移动步法保持距离，反复练习。

8. 击打方法八

出靶动作：

持靶者在与打靶者保持实战距离的基础上突然起右腿，用右鞭腿攻击打靶者左肋。

击打方法：

左臂下伸，向外格挂持靶者右小腿（图 531），同时用右直拳击打其右靶（图 532），而后收右手，起左鞭腿踢其左靶（图 533）。

532

533

屈抬左腿，用小腿格架持靶者右小腿（图 534），而后落步，用左直拳击打其左靶（图 535），用右拳摆击其右靶（图 536）。

534

535

536

屈抬左腿，用小腿格架持靶者右小腿（图 537），用右直拳击打持靶者右靶（图 538），而后用左鞭腿踢打左靶（图 539）。

537

538

539

动作要点：

持靶者要起腿突然，出靶到位；打靶者要防守及时，击打快、准，动作连接紧，注意拳腿配合协调，二次击打后保持距离，以便继续练习。

9. 击打方法九

出靶动作：

持靶者双手持靶面对打靶者，做移动步法练习。持靶者出其不意向前上步，缩短实战距离，配合打靶者练习组合动作。

击打方法：

击靶者起左腿，用前鞭腿击靶（图 540），而后左脚落步，用右直拳击靶（图 541），收右拳，再用前鞭腿击靶（图 542）。

左腿前蹬阻击靶面（图 543），而后用左、右直拳击靶（图 544、图 545）。

用左、右直拳击靶（图 546、图 547），右腿屈抬，用右膝撞顶靶面（图 548），而后用右肘横击靶（图 549）。

546

547

548

549

动作要点：

持靶者上步要突然；打靶者要判断准确，起腿阻击快、有力，落步与直拳应同时进行，用膝顶时注意送髋，发力短促，击打动作连接紧凑，可以两次或三次击打为一组，击打完后撤步，移动步法保持距离；持靶者再次突然上步。

10. 击打方法十

出靶动作：

持靶者双手持靶与打靶者保持一定的实战距离。突然上步，右手用靶直击打靶者头部，靶面向下，左手持靶位于自己面部前。

击打方法：

屈膝向身体的左侧下潜闪躲，同时出右下直拳击打对手腹部（图 550），而后迅速起身左摆拳击靶（图 551），右肘挑击（图 552）。

550

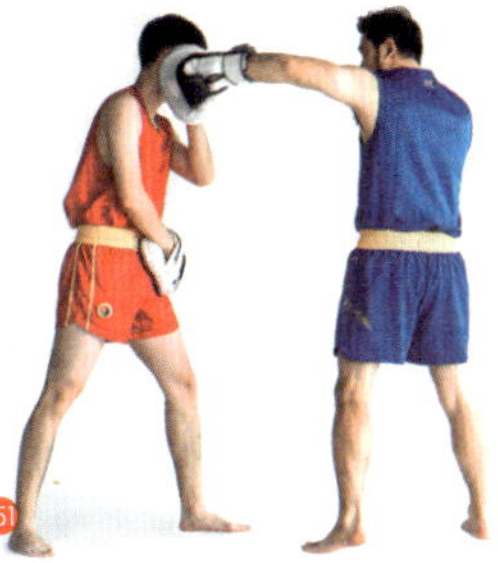
551

552

屈膝向身体的左侧下潜闪躲（图 553），而后迅速起身左摆拳击靶（图 554），右勾拳击靶（图 555）。

553

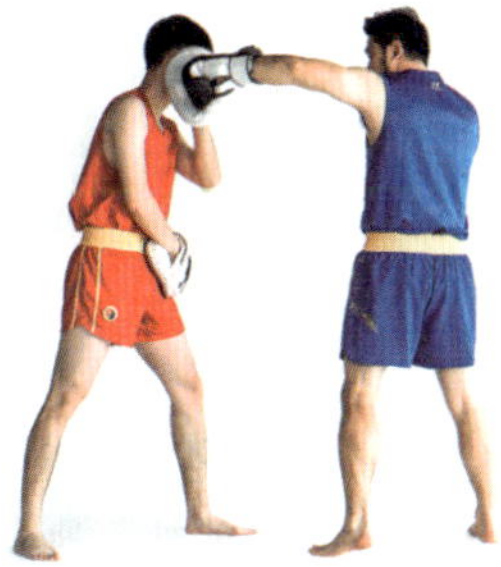
554

555

屈膝向身体的左侧下潜闪躲（图 556），而后迅速起身以左摆拳击靶（图 557），再以右直拳击靶（图 558）。

556

557
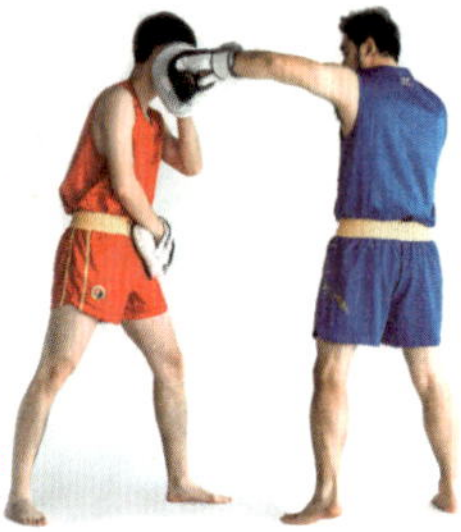

558

动作要点：

打靶者要判断准确，闪躲及时，起身快，准确击打落点。

11. 击打方法十一

出靶动作：

持靶者双手持靶与打靶者保持一定的实战距离，突然上步，用左靶直击打靶者头部，靶面向下，右手持靶于自己面部前。

击打方法：

屈膝向身体的右侧下潜闪躲（图 559），同时出左下直拳击打对手腹部（图 560），而后迅速起身用右摆拳击靶（图 561），接着用左肘挑击（图 562）。

559

560

561

562

屈膝向身体的右侧下潜闪躲（图 563），而后迅速起身，用右摆拳击靶（图 564），接着用左勾拳击靶（图 565）。

屈膝向身体的右侧下潜闪躲（图 566），而后迅速起身，用右摆拳击靶（图 567），收拳起左膝攻击（图 568）。

动作要点：

以上两个动作既可以用于进攻也可以在反击中使用，要做到出其不意，同时一定要做好头部的防守，一击不中时可以紧跟其他进攻手段。

12. 击打方法十二

出靶动作：

持靶者双手持靶与打靶者保持一定的实战距离，左手出靶时与下颚同高。

击打方法：

找准时机，左脚斜前方上步，转身用右肘由下而上击靶，击中后迅速恢复格斗姿势（图 569）。

找准时机，左脚斜前方上步，转身屈臂用鞭拳击靶，击中后迅速恢复格斗姿势（图 570）。

569

570

动作要点：

以上两个动作既可以用于进攻也可以在反击中使用，要做到出其不意，同时一定要做好头部的防守，一击不中时可以紧跟其他进攻手段。

二、击打沙包

击打沙包不仅能增长练习者的击打力量，还能显著提高其击打速度、动作的连续性及攻击组合的合理性。练习时注意击打动作的正确性，根据自己身体条件选择沙包的软硬、大小和重量，注意保护关节及击打部位。

下面介绍几种击打沙包的主要方法：

1. 直拳击打沙包

击打前不要有预摆动作，击打路线要直，手腕要绷紧，应配合步法练习，力达拳面，快打快收，可用左拳或右拳直击沙包（图 571、图 572）。

571

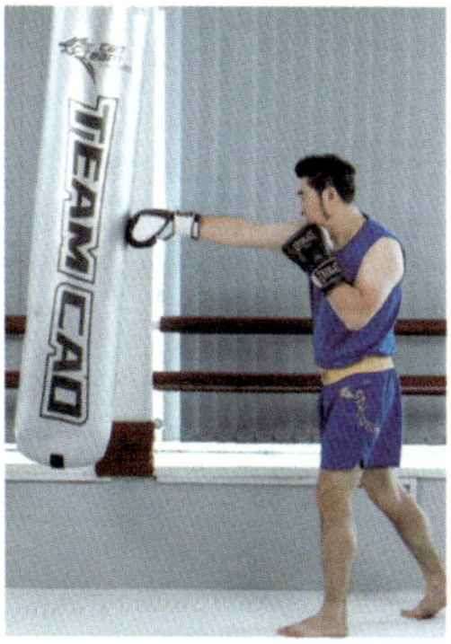

572

2. 摆拳击打沙包

击打动作路线成弧形，切忌后拉引拳，手腕一定要绷紧，力达拳面，快打快收，摆拳可与其他击打动作组合练习，注意结合步法。可用左拳或右拳摆击沙包（图 573、图 574）。

573

574

3. 勾拳击打沙包

勾拳常与其他拳法组合练习，如先右摆拳后左勾拳，击打时注意手腕要绷紧，击打幅度与运动路线不要过大，充分借助转腰、送肩的力量。可用左勾拳或右勾拳击打沙包（图 575、图 576）。

575

576

4. 肘顶沙包

顶肘练习时要屈臂、上体前倾，大臂与肩平行，发力短促，力达肘尖（图 577、图 578）。

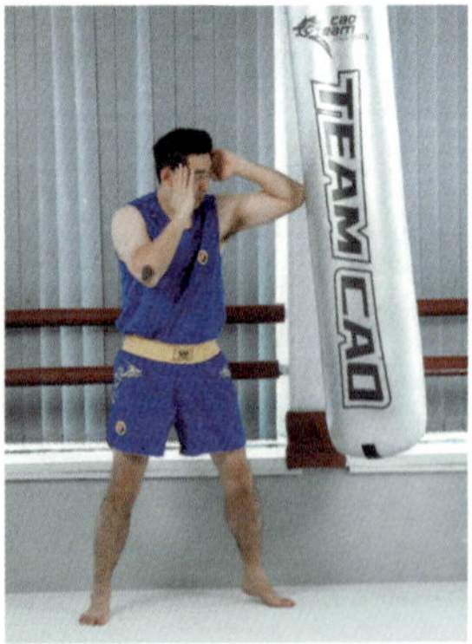

577

578

579

580

5. 肘横击沙包

练习时先移动步法，而后转腰、送肩，用肘横击。注意此击法要与步法及其他击打方法配合练习，发力短促，快打快收（图 579、图 580）。

6. 鞭腿踢沙包

面对沙包保持实战距离，起动要快，侧屈抬腿，提膝翻髋，用大腿带动小腿踢出，脚面绷直，力达脚面。击打快速、有力，支撑稳，动作配合协调。练习时要特别注意检查沙包底部是否有下沉的硬物，以防踢时受伤。可用左、右鞭腿分别踢沙包（图 581）。

581

582

7. 正蹬腿蹬沙包

面对沙包保持实战距离，蹬时起腿突然，单腿支撑身体，重心要稳，屈膝提膝，膝盖尽量向胸部靠，送髋蹬腿，力达脚掌，收腿快。练习中可与其他击法配合。可用左、右腿分别蹬沙包（图 582）。

8. 侧踹沙包

在练习侧踹腿击沙包时，要注意结合上步、垫步，收膝翻胯，支撑腿在稳的基础上向踹腿方向推顶用力，上体侧倾，注意双手防护，侧踹突然、有力。可用左腿或右腿轮流侧踹沙包（图 583）。

583

9. 膝冲顶沙包

此法一般在近战中使用，练习时可以先移动步法，而后提膝上顶，也可双手扶拉沙包，提膝上顶，注意发力时屈抬腿要突然，膝顶有力。可用左膝或右膝上顶沙包（图 584、图 585）。

584

585

10. 膝侧顶沙包

侧顶膝一般在格斗搂抱中使用，练习时可用双手扶住沙包，并向膝顶的相反方向拉沙包。发力时，屈抬腿上翻快，顶击有力，注意支撑腿稳，上体微侧抖（图 586、图 587）。

586

587

11. 飞膝顶沙包

面对沙包移动步法，向前垫步、腾空提膝，而后撞顶沙包。顶时注意送髋，上体微后仰，双手防护，发力短促，力达膝盖。可用左膝或右膝分别向前撞顶沙包（图 588）。

588

三、击打人形沙包练习

武谚云："百打百破，唯快不破，唯硬不破。"快和硬是决定格斗胜负的两个重要因素。因此，在做基本功练习时，要特别注意击打部位的准确度。击打人形沙包练习以增强击打部位的准确度为主，以提高硬度为辅。初练者练习时由轻到重，可用任何击打技术动作。但一定要根据自己击打部位的承受能力而确定力度，切不能盲目加力，否则会受伤。

1. 掌斜砍

练习掌斜砍也可用横推掌、平切掌、下撩掌等掌法砍击，以提高掌外沿、掌根的硬度（图 589）。

589

2. 小臂击打

可用小臂内、外侧格、挡、击、打（图 590）。

590

592

593

594

3. 拳击打

可用直拳（图 591、图 592）、摆拳（图 593、图 594）击打头部和面部；用勾拳击打下颚、腹部（图 595、图 596、图 597）和两肋（图 598、图 599）。

595

596

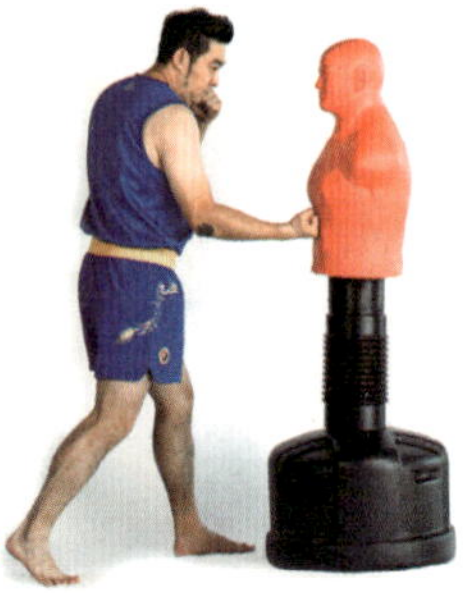
597

598

599

4. 肘击

可用平肘（图 600）、挑肘（图 601）、砸肘（图 602）击打。

600

601

602

5.鞭腿踢

可提高脚面、脚弓、踝关节等击打部位的硬度（图 603、图 604）。

6. 正蹬

主要提高脚掌、脚跟的硬度及承受力（图 605、图 606）。

7. 侧踹

以提高脚掌、脚掌外沿的硬度（图 607、图 608）。

8. 膝顶

可用膝击，主要提高膝盖的硬度和承受能力（图 609、图 610、图 611）。

609

610

611

第五章 弘扬与传承

离去不是终点，被遗忘才是！没有人会忘记您，只是我再也听不到您亲切地呼唤“铭教练”了。

第一节　曹茂恩简介

曹茂恩（1947 年 12 月 25 日 — 2021 年 4 月 28 日）

曹茂恩介绍

曹茂恩，1947 年生于青岛。

中华人民共和国体育运动荣誉奖章获得者，曾任国家散打队副领队、教练，山东省散打队总教练，山东省武术运动协会副主席，青岛市政协委员，青岛市技术拔尖人才。

曹茂恩自幼练习拳击、武术散打，青年时期即开始拳击、武术散打的教学工作，1983 年在青岛成立了国内第一支民间散打队——“精英散打队”。曾率山东散打队参加第七至第十二届全国运动会，为山东省夺得多枚金牌。还多次率队参加国际、国内重大武术散打赛事，共获得 100 多枚奖牌。

著作有《格斗术百招精解》《铁汉柔情——曹茂恩随笔集》。

曹茂恩书法

曹茂恩老师：传奇用痛写成

崔建平

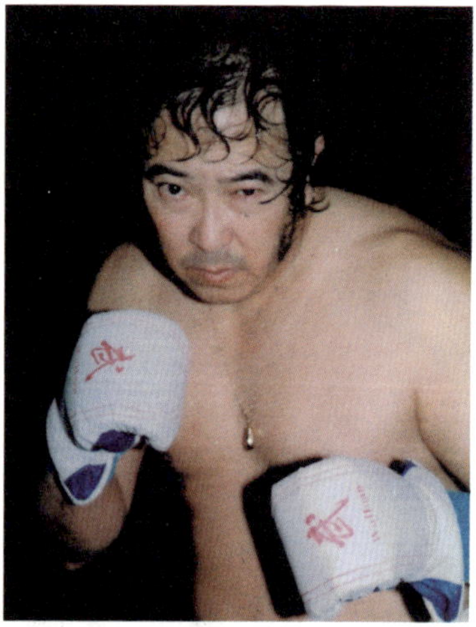

曹茂恩老师看人的眼神很特别，有点斜睨，由上到下一打量，然后才开始微笑着招呼你。据说，以刽子手为业者，在生活中看人，第一眼看的是你的脖子。而对以散打为业的曹茂恩来讲，他的第一眼是否在考虑如何将你击倒？对此我没向他求证过。但我能感觉出，这个男人身上有一种令人不安的东西。尽管他笑容灿烂、笑声爽朗，但在无休止的肉体搏击生涯中积淀出了一种特殊的气质——姑且名之为“杀气”。随着年岁渐老，这种“杀气”已经内敛为含而不露的霸气。

一切从一个粉笔头开始。青岛男人喜欢在胸前挂个小件，通常是玉石、金链之类。曹茂恩的胸前则是一只小小的黄金拳击手套。这只小手套是他生命中的图腾。

你想知道他的第一副拳击手套是怎样得来的吗？那就从头说起。上小学时，他遇到了一位良师。在课堂上，他过于调皮，被老师掷了一个粉笔头。他反应甚为敏捷，一把抓住了飞来的粉笔头。下课后，这位爱好拳击的老师问他：“你反应很快，想不想练习拳击？”他当即答应了。一个飞来的粉笔头居然改变了他的人生轨迹。

练拳击，首先需要买拳击手套及装备，所需款项对当时的曹茂恩来说无疑是一笔巨款。他左借右借借不到，便回家偷了大哥10元钱。大哥知道了，说："拳击要从挨打开始，现在我给你上第一节课。"说完一拳将他打倒在地，大哥不动声色地说："这叫左勾拳，现在给你演示右直拳……"就这样，他遭到了终生难忘的一顿暴打。

母亲是坚决反对他练习拳击的，主要是怕他活动量太大，吃饭太多。曹茂恩至今记得，有一次练完拳后，他饥肠辘辘地回到家。他怕被母亲发现，每次回家后都将拳击手套藏在院里的煤堆里。那天，母亲没有做饭，躺在床上说："家里没吃的了。我给你粮票和钱，去买几个烧饼回来。"曹茂恩买了一个烧饼回家，看着母亲吃。母亲说："你怎么就买了一个？"曹茂恩说："我一点也不饿。"其实他把买烧饼的钱省了下来，想用来添些训练用具。那个晚上，他躺在床上盘算，有朝一日有钱了，要买一堆烧饼，用筷子串一起慢慢地吃。中间还要夹上几根油条，那样吃起来更香——在漫漫无尽的黑夜里，大饼和油条成了他无法企及的梦想。

为贴补家用，他从15岁就开始去码头扛活儿。其他的体力活儿，凡是能想象到的，再苦再累，他几乎全干遍了。支撑他的唯一信念就是拳击。他知道，考试上学没有自己的份儿，改变命运的唯一机会就是拳击，起码拳击能让他免遭欺负。

在那个年代，青年们喜欢"练块儿""捣鲍克斯"（青岛话，练拳击的意思）。大家没事儿就切磋一下。双方依据江湖规矩"单挑"，打上一场，以武会友。据曹茂恩回忆，江苏路小学操场、天主教堂后院都曾是他的战场。切磋时，他喜欢点上一根烟，放在一旁，通常烟未燃尽，他已经胜利结束战斗。渐渐地，他在青岛港上小有名气了。为增广见闻，他背起包裹，开始了一段行走“江湖”的生涯。因为仰慕霍元甲，他先南下去了上海，拜访了精武门，又到淄博寻访某退役武术教练，还去过北京体育学院。一路打，一路学，他的功夫有了很大的长进。我问曹茂恩：“你一生中最大的遗憾是什么？”他说：“是生不逢时。我年轻时没机会参加正规的比赛，没拿过一个正经的冠军。虽然现在我的徒弟、徒孙们已经把该拿的冠军全拿到了，但终究比不得自己去拿。”

往事不堪回首，有一个片段曾经是他回忆里的禁区。

时年66岁的曹茂恩肌肉仍坚如钢铁，却浑身是伤。这是长久以来的训练与征战留下的纪念。只有一处伤是个例外。后来，他虽已释怀，能用无比平静的语气对我娓娓道来，但那仍然是惨痛的回忆。

曹茂恩曾经在工厂有过长达16年的“临时工”生涯。上年纪的人都了解当时在一个单位里正式工与临时工的区别。临时工干的是最脏、最苦、最累的活儿，收入却比正式工差得远。正式工端的是铁饭碗，他们端的是泥饭碗。每到春节，正式工都分了年货，欢欢喜喜回家过年，曹茂恩却两手空空地回家。他无法面对老母亲惘然的眼神。可想而知，在年关喜庆的鞭炮声中，这条汉子的内心是何等寥落。

终于有了一次转正的机会。当时，曹茂恩在一家不错的企业做了5年临时工，由于表现不错，没有“回工”，他也快忘掉了自己“临时工”的身份。然而，某一天，企业却突然通知，要辞退所有临时工。这个消息不亚于晴天霹雳，让他的心都凉透了。工厂有位和他关系不错的大哥看不过，对他说，你要留下，唯有如此如此。他听完后，出了一身冷汗。他计划在搬运汽油桶时，装作不慎，将这重达500斤的家伙砸在脚上……对珍爱身体的武者而言，做出这个抉择更为不易。曹茂恩淡淡地说，我不能再让老母亲失望了，我要让她过上好日子……

壮士断腕形容的是勇士的果敢。手被毒蛇咬中，伤者无药可医时毅然把手腕砍断，避免剧毒蔓延，为的是挽救生命。曹茂恩自残，为的却是一个正式工的身份。今日看来，仿佛不值一讪，唯其卑微，所以惨烈。泰森说，我击出的每一拳都饱含对这个世界的仇恨；曹茂恩说，我击出的每一拳都要充满激情。

其实，仇恨也是一种激情，一种更尖锐、极端的激情，但无法持久，不值得效仿。一旦成功，境遇改善了，仇恨淡漠了，拳头的威力也就消失了。曹茂恩的激情是来自对散打的热爱，并非对于名利的渴求。他说：“剑客视剑如命，我把散打当成了自己的生命，培育优秀弟子、推广这项运动是我的使命。”

由此，我得到的启示是：拥有激情，什么样的厄运、什么样的对手都无法打败你，你已立于不败之地。

《铁汉柔情——曹茂恩随笔集》，青岛出版社2015年9月

第二节　曹安铭简介

曹安铭介绍

曹安铭　男　出生于 1977 年　民革党员

毕业于山东体育学院运动系

传统武术国家集训队教练组组长

中国国家泰拳集训队教练

中国武术段位制指导员、考评员

国际武术联合会武术云课堂主讲人

山东省武术运动协会散打搏击专委会副主任

山东省首位泰拳国际级裁判员

东方航空山东分公司空保管理部教练

青岛市教育局公众咨询委员会委员

青岛市公安局特警支队泰拳教练

青岛市健康大使

政协第十三届青岛市市南区委员

政协第十四届青岛市市南区常委

青岛市南散打搏击运动协会会长

青岛市市南区拔尖人才

青岛市市南区首批青年人才智库专家

带队成绩：

中国国家泰拳队

2017 年率中国国家泰拳队参加在白俄罗斯举行的世界泰拳锦标赛，获得一枚金牌

2017 年率中国国家泰拳队参在土库曼斯坦举行的第五届亚洲室内武道运动会，获得一枚银牌、三枚铜牌

2017 年率中国国家泰拳队参加在波兰举行的第十届世界运动会，成为首位参加世界运动会泰拳比赛的中国教练

2018 年率中国国家泰拳队参加在墨西哥举行的世界泰拳锦标赛，获得两枚金牌

2019 年率中国国家泰拳队参加在泰国举行的世界泰拳锦标赛，获得一枚金牌、一枚银牌

山东特警搏击队

2011 年率山东特警搏击队参加由公安部在北京主办的“环首都协作区域公安特警大比武”搏击比赛，获得一枚银牌、一个优胜奖

2012 年率山东特警搏击队参加在天津举行的“环首都警务合作区公安特警交流比武”大赛，获得一枚金牌、一枚银牌、三枚铜牌

执裁经历：

2008 — 2018 年连续十一届执裁全国泰拳比赛、全国泰拳锦标赛

执裁 2018 年亚洲泰拳锦标赛（中国澳门）

2017 年担任全国泰拳锦标赛裁判长

2018 年担任全国自由搏击锦标赛裁判长

2017 — 2019 年连续三届担任全国青少年泰拳锦标赛裁判长

首届全国泰拳职业联赛裁判长

曾多次担任由国家体育总局武术运动管理中心主办的中国自由搏击职业联赛、“武战世界”功夫争霸赛、“王者归来”世界搏击争霸赛、“尚武英雄”中泰拳王争霸赛、M-ONE 职业搏击泰拳冠军赛等商业赛事的裁判长

2017 年参加第五届亚洲室内与武道运动会开幕式

2017 年率队参加在白俄罗斯举行的世界泰拳锦标赛

2017 年率队参加世界泰拳锦标赛，获得一枚金牌

2017 年率队参加在土库曼斯坦举行的第五届亚洲室内与武道运动会，获得一银三铜

2017 年参加第十届世界运动会泰拳比赛开幕式

2018 年率队参加世界泰拳锦标赛，获得两枚金牌

2018 年率队参加在墨西哥举行的世界泰拳锦标赛

2018 年泰拳世锦赛载誉归来

2019 年参加世界泰拳锦标赛开幕式

2019 年率队参加在泰国举行的世界泰拳锦标赛，获得一金一银

2019年世锦赛中国国家泰拳队夺冠瞬间

世锦赛中国国家泰拳队夺冠瞬间

与夺冠队员庆祝胜利

2019年泰拳世锦赛比赛局间布置战术

2019年世界泰拳锦标赛中指挥比赛

指挥比赛

泰拳世锦赛赛前拜师仪式

带队备战 2018 年世界泰拳锦标赛

带队备战 2019 年世界泰拳锦标赛

担任传统武术国家集训队教练组组长

率特警队员参加特警大比武

2017 年担任全国泰拳锦标赛裁判长

2018 年担任全国自由搏击锦标赛裁判长

2017-2019 年连续三次担任全国青少年泰拳锦标赛裁判长

担任全国泰拳职业联赛裁判长

担任泰拳国际级裁判员

执裁 2018 年在中国澳门举行的亚洲泰拳锦标赛

执裁风采

执裁泰拳比赛

执裁官方主办商业泰拳赛事

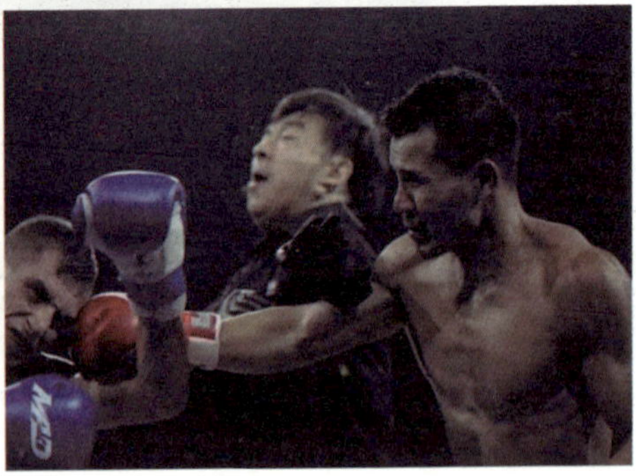

执裁官方主办自由搏击商业赛事

执裁知名自由搏击职业赛事

在泰国执裁职业泰拳比赛

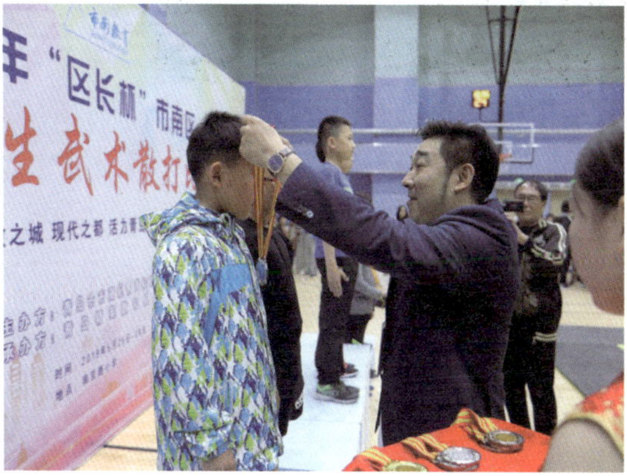

为小运动员颁奖

担任知名搏击赛事解说

参加政协会议

第三节　缅怀

没有父亲的父亲节

——追忆我的父亲曹茂恩

曹安铭

今天是父亲节，是父亲离开我的第 54 天。

时光飞逝，我对他的思念却与日俱增……

师父——这也是我对父亲的称呼！

因为我的父亲不仅给了我生命，更是我人生的导师！

他教会了我谋生的技能，更教会了我如何做人、做事！

我有一个绰号——马背上的水手。它的由来，要从我的童年说起。杰克·伦敦是我父亲最喜爱的作家，家里有本关于他的著名传记《马背上的水手——杰克·伦敦传》。小时候，我父亲有一辆金鹿牌旧自行车（除了铃铛不响，哪儿都响），而我基本上是在此车大梁上长大的，遂得绰号“马背上的水手”。童年的美好回忆中透着苦涩，受家庭因素影响，父亲没有正式工作，只能打零工，而全家几乎靠我母亲在第二食品厂当工人的每月 38 块钱工资维持生活。那时候大家都不富裕，而我们家尤其贫困。3 岁以前的我没有自己的床，晚上就睡在我们家的面板上。每当看到别的小朋友手中的玩具，我缠着父亲讨要的时候，他眼中的无奈和苦涩，我至今记忆犹新。虽然我们家物质上不富裕，但精神食粮从来不缺。父亲好像有讲不完的故事，省吃俭用也要给我买书看，《水浒传》《三国演义》《红楼梦》《西游记》《基督山伯爵》《战争与和平》《朱安党人》等国内外名著早早摆到了我的书架上，而他无论去哪儿，几乎都会用他的金鹿牌“豪车”载着我，让我小小年纪就见了不少“世面”。因为在皮件二厂当临时工，父亲练就了一手做皮鞋的“绝活”。他用工厂里的下脚料敲敲打打、缝缝补补，像变魔术一样就做出了一双“小马靴”。我穿上后那个“涨颠”（青岛方言，“炫耀”），至今记忆犹新。

父亲对我的教育，身教大于言传。他对我的奶奶非常孝顺，每到周末都带着我去看望奶奶，给她剪指甲、梳头、做饭，陪她聊天。而小小的我也对奶奶许下了许多承诺，但这些承诺一个也没实现……他对物质生活也没什么要求，有点好东西都留给我，在我长大后依然如此。随着他的不懈奋斗，他的徒弟们逐渐“打出”了名堂。我们家的生活也慢慢有了改善，而他依旧生活简朴，吃、穿、用都不讲究。他经常说：“真正的强大不在外表！”

说实话，父亲对我的要求并不算严格，甚至有些许娇惯。对于我犯的小错，他基本上是以批评教育为主，但一旦我越过了他的底线，那顿打啊……我一辈子也忘不了！有一次，我正和母亲吵架，突然间看到一个玻璃杯朝我飞了过来，幸亏我反应敏捷，歪头躲了过去。当我正在庆幸“躲过一劫”的时候，父亲的重拳以迅雷不及掩耳之势扑面而来……从此，我记住了要怎么和母亲说话。

还有一次，他带队参加全国比赛，我是随队的小拉拉队员，因为我从小就和师兄们混得很熟，所以干什么都在一起。那天我照例在运动员的房间里边聊天边吃零食，父亲到运动员房间“查房”，看到我在他们的房间里吃东西，抬手就是一记耳光，打得我“眼冒金星”且莫名其妙。后来，他消了气跟我说道：“运动员为了参加比赛要降体重，得少吃东西，你在他们的面前吃零食，知道他们多么痛苦吗？”往后，我懂得了运动员的艰辛。对运动员发自内心的尊重至今影响着我的执教风格。

说到传承父亲的事业——精英散打俱乐部，说实话，开始的时候我并非那么情愿和自信。当时父亲常年在外带领山东散打队南征北战，在青岛的精英散打俱乐部无人打理，面临即将关门的窘境，面对这副久负盛名、承载着许多人期望的重担，我战战兢兢、如履薄冰地试着接了过来。父亲明察秋毫，看得出我的顾虑，只说了一句话：“记住，儿子，虎父无犬子。”

经过俱乐部全体同仁这十几年的共同努力，俱乐部从最初的 1 所场馆、不到 10 名学员，发展到今天的 17 所场馆、数千名学员。父亲至今未当面表扬过我，但我能感觉到他为我感到骄傲。

在事业上，我和父亲有许多相似之处。他 1990 年入选国家散打队担任教练。我 2009 年第一次入选国家泰拳队担任教练，2017 年起连续率队参加了 2017 年在白俄罗斯举行的世界泰拳锦标赛、2018 年在墨西哥举行的世界泰拳锦标赛、2019年在泰国举行的世界泰拳锦标赛，中国队三届世锦赛共获得四金一银，创造了中国泰拳队征战世锦赛连续三届夺金的历史。每次世界大赛夺金后，跟父亲汇报战果的时候，他的回复都是：“儿子，真棒！祝贺国家泰拳队、祝贺你！”

2020年，我担任了首届传统武术国家集训队教练组的组长。他的自豪与喜悦更是溢于言表，逢人便说：“铭教练现在是两支国字号队伍的教练了！”

我多想对您说一句“谢谢”，因为是您的儿子，我深信自己就是最棒的。从6岁开始跟您南征北战，看您带队、指挥比赛，斩获一个又一个冠军，无论是什么级别的比赛，在赛场上我都会向我的队员传递这样的信息：我是最棒的教练员，你们一定是最棒的运动员，我们不会惧怕任何对手。

我多想再对您说一声“谢谢”。

您是完美的父亲、老师，感谢您给了我健全的人格、健康的体魄、独立思考的能力和不屈不挠、自强不息的奋斗精神。如今，我也成为了一个父亲。我也经常思考怎么去做一个合格的父亲。虽然经过您和我两代人的奋斗，我的女儿再也不用为了她想要的玩具撒娇、哭泣了，再也不用穿带补丁的衣服了，可这就是我能给她的全部吗？

父亲说：“给朵朵养成一个好的性格，给她好的教育，多陪陪她比什么都重要。”

记得父亲曾经给我讲过一个故事，法国著名作家小仲马问他的父亲大仲马："您一生中最满意的作品是什么？"大仲马回答："孩子，我最满意的作品就是你！"我明白了，我会加油的！

父亲，您放心，我会照顾好所有您爱的人，包括我自己。我和我的团队会好好地传承您的精神、您的事业。"打拳强身，服务社会"这句话，我们会铭记在心！

离去不是终点，被遗忘才是。

没有人会忘记您。

只是，我再也听不到您亲切地呼唤"铭教练"了。

半岛都市报　2021年6月21日　星期一
责编　李伟志　美编　宁付兴　审读　黄炜
新闻周刊　A11

没有父亲的父亲节

——追忆我的父亲曹茂恩

□曹安铭

今天父亲节，是父亲离开我的第54天。时光飞逝，我对他的思念却与日俱增。

师父——这是我对父亲的称呼。因为我的父亲不仅给了我生命，更是我人生的导师。他教会了我谋生的技能，更教会了我如何做人、做事。

我有一个绰号——“马背上的水手”，它的由来，要从我的童年说起。杰克·伦敦，我父亲最喜爱的作家。小时候我父亲有一辆26型的金鹿牌旧自行车（除了铃铛不响，哪儿都响），而我基本上是在此车大梁上长大的，就得一绰号“马背上的水手”。童年的回忆美好中透着苦涩，由于父亲的家庭原因，所以他没有正式工作，只能打零工，而全家几乎靠我母亲在第二食品厂当工人的38块钱工资维持。那时候大家都不富裕，而我们家尤其突出。三岁以前的我没有自己的床，晚上就睡在我们家的面板上。羡慕看到别的小朋友手中的玩具，我缠着父亲也要的时候，他眼中的无奈和苦涩，我至今记忆犹新。虽然物质上不富裕，但精神食粮从来不缺。我父亲好像有讲不完的故事，省吃俭用也要给我买书看，四大名著《基督山伯爵》《战争与和平》《人间喜剧》等国内外名著早早地摆到了我的书架上。而他无论到哪儿去几乎都用他的金鹿牌“豪车”载着我，让我小小年纪就见了不少“世面”。由于在皮件二厂当临时工的缘故，父亲还练就了一手做皮鞋的“绝活”，用工厂里处理的下脚料敲敲打打，缝缝补补，像变魔术一样就做出了一双“小马靴”，我穿上后那个“熊样”（青岛方言炫耀），至今记忆犹新。

师父对我的教育，身教大于言传。他对我的奶奶非常孝顺，每到周末都带着我去看望奶奶，给她剪指甲、梳头、做饭、陪她聊天。而小小的我也对奶奶许下了许多的承诺，但，这些承诺一个也没实现。

他对物质生活也没什么要求，有点“好东西”都留给我，长大后依然如此。随着他的不懈奋斗，他的徒弟们逐渐“打出”了名堂，我们家的生活也慢慢有了改善，而他依旧简朴，吃、穿、用都不讲究，他经常说，真正的强大不在外表！

说实话，师父对我的要求并不算严格，甚至有些许娇惯，对于我犯的小错，他基本上是以批评教育为主，但一旦我越过了他的底线，那顿打啊，我一辈子也忘不了！记得有一次，我正和母亲吵架，突然间看到一个玻璃杯朝我飞了过来，幸亏我反应敏捷，歪头躲了过去，当我正在庆幸“躲过一劫”的时候，父亲的重拳以迅雷不及掩耳之势“扑面而来”。从此，我记住了要怎么和母亲说话。

还有一次，他带队参加全国比赛，我是随队的小啦啦队员，由于从小我就和师兄们混得很熟，所以干什么都在一起，那天我照例在运动员的房间里边聊天边吃零食，我父亲到运动员房间“查房”，看到我在他们的房间里吃东西，抬手就是一记耳光，打得我“眼冒金星”并莫名其妙。后来，他消了气跟我说道，运动员为了参加比赛，要降体重，不能随便吃东西，你在他们的面前吃零食，知道他们看到是多么的痛苦吗？往后，我懂得了运动员的艰辛，对运动员发自内心的尊重，至今影响着我的执教风格。

说到传承师父的事业——精英，说实话，开始的时候并非那么情愿和自信，当时师父常年在外带领山东散打队南征北战，在青岛的精英散打俱乐部无人打理，面临即将关门的窘境，面对这副久负盛名、承载着许多人期望的重担，我战战兢兢如履薄冰地试着接了过来。师父明察秋毫，看得出我的顾虑，他只说了一句话：记住儿子，虎父无犬子……

经过这十几年俱乐部全体同仁的共同努力，俱乐部从最初的一个场馆不到10名学员，发展到今天17所场馆数千名学员，师父至今从来当面表扬过我，但我能感觉到他为我感到骄傲。

在事业上，我和父亲有许多的相似之处，师父1990年入选国家散打队担任教练，我2009年第一次入选国家泰拳队担任教练。2017年起连续率队参加了当年在白俄罗斯举行的世界泰拳锦标赛、2018年在墨西哥举行的世界泰拳锦标赛、2019年在泰国举行的世界泰拳锦标赛，三届锦标赛共获得四金一银，创造了中国泰拳队征战世锦赛连续三届夺金的历史。每次世界大赛夺金后，跟师父汇报战果时，他的回复都是：儿子，真棒！祝贺国家泰拳队，祝贺你！

去年，我又入选了首届传统武术国家集训队教练组担任组长，他的自豪与喜悦那是溢于言表，逢人便说，“铭教练”现在是两支国字号队伍的教练了。

我多想对您说一句谢谢，因为是您的儿子，我深信我就是最棒的，从6岁开始跟您南征北战，看您带队、指挥比赛，斩获一个又一个冠军，我对赛场上教练员的指挥席从不陌生，无论是什么级别的比赛，赛场上我都会向我的队员传递出这样的信息：我，是最棒的教练员，你们一定是最棒的运动员……我们不会惧怕任何对手。

我多想再对您说一声谢谢……

您是完美的父亲、老师，感谢您给了我健全的人格、健康的体魄、独立思考的能力和不屈不挠自强不息的奋斗精神。如今，我也成为了一个父亲，也经常思考怎么去做一个合格的父亲？虽然经过您和我两代人的奋斗，我的女儿再也不用为了想要的玩具撒娇了，再也不用穿带补丁的衣服了。但，这就是我能给她的全部吗？

师父说：“给朵朵一个好的性格、好的教育，多陪陪她，比什么都重要。”

记得师父曾经给我讲过一个故事：“法国著名作家小仲马问他的父亲大仲马，您一生中最满意的作品是什么？大仲马回答：孩子，我最满意的作品就是你！”我明白了，我会加油的！

师父，您放心，我会照顾好所有您爱的人，包括我自己。我和我的团队会好好传承您的精神、您的事业。“打拳强身，服务社会”这句话，我们会铭记在心！

离去不是终点，被遗忘才是。

没有人会忘记您。

只是，我再也听不到您亲切地呼唤“铭教练”了……

（作者为传统武术国家集训队教练、中国国家泰拳队教练）

记者手记

为武而生的父子

□半岛全媒体记者　杜金城

约曹安铭写一篇关于父亲节的稿件时，心情是有些忐忑的。他的父亲曹茂恩教练今年四月底刚刚去世，作为小曹教练朋友，自然不愿在这个时间点去戳他的痛处。

“没问题！啥时候交稿？”接到邀约，电话那边的曹安铭一如既往地干脆，这反倒让记者多了些许歉意。“明天下午吧，不着急。”放下电话，不到几小时的时间，一篇追忆父亲曹茂恩的文稿就通过微信传送过来。读着这篇情真意切的文章，很自然地就能回想起这对父子间的很多故事。

第一次采访曹茂恩教练是2014年，那时的曹教练已是功成名就、桃李满天下的功勋教头。整个采访过程，老人家没有丝毫架子，还经常讲一些江湖趣事逗得在场人哈哈大笑。印象尤其深刻的一段就是，他讲自己年轻时在观海路6号大院里打拳，被邻里街坊认作是“社会混混”，无奈之下只能挨家挨户做工作，经过很长一段时间才得到了街坊的认可。

曹老讲的“江湖事”从不是打打杀杀，而是关于如何做人做事的规矩与道理。“做人厚道，做事江湖”这是曹老经常挂在嘴边的话。也是那次采访结束后，曹老主动邀约，“一起吃个饭吧，我把我儿子介绍给大伙认识。”

虽然对小曹教练也就是曹安铭早有耳闻，知道他是海归也是妥妥的“武二代”，但第一次见面还是被他的谦逊与好学所感染。关于习武之路，记得曹安铭曾说过，自己小时候没想要走这条路，“父亲非常尊重我的选择，不论是出国留学还是后来自己创业。但兜兜转转一圈下来，发现我和父亲一样，都是为武而生的人，只有在武馆打拳、教拳才是最开心的事，我这辈子肯定和他一样，离不开武术散打了。”

习武人讲求勇武忠义、诚实守信。曹茂恩教练一生为武，生前得到世人认可，桃李遍天下；身后是千人相送、众人敬仰。除了对武艺追求精益求精外，对自身以及弟子的要求也相当严苛。曹安铭在父亲言传身教之下，做人做事也是相当严谨。40多岁的年纪，已七次入选国家队担任国字号教练员便是最好的例证。曹安铭说：“师父这辈子做人做事影响了身边很多人，他自己当运动员的时候没有拿过冠军，但他的弟子拿遍了各项大赛的桂冠；师父这辈子不追求高品质生活，但对人品格的要求从没有降低。”

曹茂恩教练一手创办的精英武馆已经成为青岛武术界的一块金字招牌，更是老人家一生的心血。当年毅然决然接过父亲手中精英大旗的曹安铭，如今已经将武馆数量翻了好几倍。但这位少掌门起初的日子并不好过。守旧还是创新？培养精英还是普及培训？在时代发展过程中，曹安铭在武术散打这个依然算作冷门小项的运动中摸索前行。“师父这辈子的心血就是‘精英’，我晚上睡觉做梦都是想着怎么能把精英武馆做大做强。”

功夫不负有心人，随着精英武馆发展越来越红火，曹安铭用成绩让起初轻看他的人闭上了嘴。除了管理武馆，曹安铭还刻苦研究泰拳，成为首届中国泰拳队主教练，带队为国出征国际大赛，队员多次荣膺世界冠军。“我们父子这辈子注定是为武而生的，但我距离师父还有很大差距，他是我这辈子要追赶的偶像。”

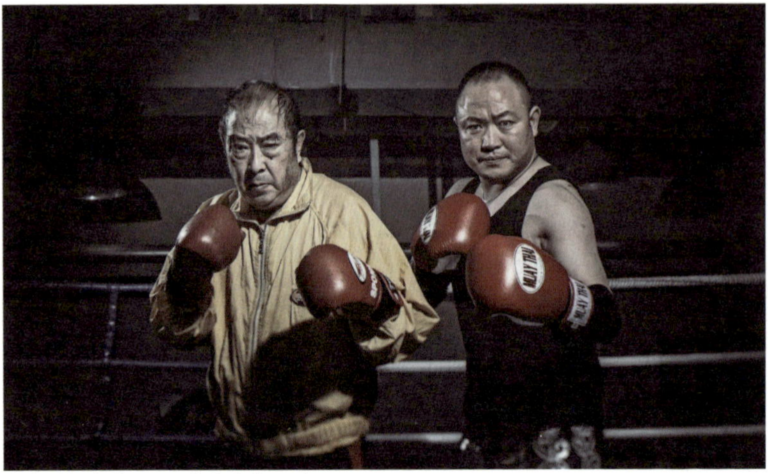

曹茂恩与徒弟 —— 优度生物 王大卫

深切怀念恩师曹茂恩先生

帅老头，你还是走了……

这些年我一直称呼您老爷子，大家有喊您师父的，有喊您教练的，有喊您师爷的，也有喊您曹老师的，“三六训练团”里的“老爷子”是我对您的专属称呼。

一日为师，终身为父。训练时，如果我们拳打不好，腿踢不好，您就会严厉地批评我们，甚至打骂我们。但是我们每一个人都很受用，因为我们从内心感受到那是一份严苛的、浓浓的爱。

您的爱从给每一个徒弟起的绰号就能看出来：大宝、小宝、苹果、乔桑、泰森、铁匠、律师、社会大哥、唐 Sir……我的俩儿子，您的徒孙“豪哥”“小弟”也是您赐的绰号；在我这里，“优度拳王”“总裁拳王”“大卫拳王”“优度大卫”“优度总裁”……这些称呼是根据我在训练时刻不刻苦、训练的成绩好不好而随时改变的。您对我的称呼带“拳王”两个字时，说明这一段时间我训练得好，不带“拳王”时，则说明我练得一般。练得不努力连霸屏您微信朋友圈的机会都没有！徒弟们都盼望训练日能被您发到微信朋友圈里，霸您的屏！那感觉比发了年底奖金还兴奋，还有荣耀感和成就感。

您的生活简单到一碗面足矣，可是人格饱满的您眼里却容不下一粒沙子：喜欢怎么着都行，不喜欢则爱谁谁。

我还深深地记得安铭兄弟收豪哥和小弟做徒弟的那天晚上，我送您出酒店，迎面走来一社会大哥，一群“雕龙画虎”的小弟前拥后簇着，您不屑一顾的眼神从墨镜后露出来，嘴上骂着。我心里想，这小老头真有个性。

“打拳强身，服务社会”是您鞭策徒弟的座右铭；“做事坚持，做人要有道义”是您的人生践行标准！您的言行也影响着我们每一个徒弟。

老爷了，转眼间您离开我们一百多天了，到今天我还是不相信您真的离开了，还时常在梦中与您相遇，醒来泪湿枕头……

其实您没有离开，您教的拳已经融进了我们的身体；您循循教导的“打拳强身，服务社会”精神已经刻进了我们的灵魂！

“精英”是您这一生的写照，活着就要做“精英”、做自己内心深处的“精英”！我们会传承您的精神！有您的护佑，我们一定会成为自己的那个“精英”！

感恩师父的辛苦教导！

深切怀念恩师曹茂恩先生！

徒弟王大卫书于 2021 年 9 月 7 日凌晨

一旦离开 唯剩思念

曹茂恩与徒弟——北京市京师（青岛）律师事务所主任 张需聪

今天是师父离开的第一百天，在即墨仙鹤陵，一群徒弟、徒孙和亲人、好友送他入土为安。

转眼间，我已经跟着师父打了6年拳，挨过骂，挨过打，但留在心里的永远是无尽的温暖。

师父提倡“打拳强身，服务社会”。他一生嗜拳如命，培养出了十几个国际散打冠军，上百个国内散打冠军，推荐了很多跟着他打拳的孩子到大学深造，改变了很多徒弟、徒孙的人生，但他自己从未把这些挂在嘴边。跟师父在一起的日子快乐而简单，除了打拳，还是打拳。

师父支持我们见义勇为，但绝不允许我们在与别人起争执时出手。这件事他在前年的生日宴上强调了3遍。对于恃强凌弱、不守规矩的徒弟，他绝不手软，轻则狠揍一顿，重则逐出师门。跟着师父打拳的第一年正月初一上午，我去大尧三路的精英武馆给师父拜年，亲眼见到师父正用脚狠踹一个徒弟，边踹边骂。后来我问师父怎么回事，师父轻描淡写地说：“脾气不好，出手伤了人，差点进去。

欠揍！”正月初一揍拜年的人，我只在师父这儿见过。

师父每周三、周六两天的上午会亲自带着我们一帮徒弟训练，风雨无阻，从未间断。他把这个团队命名为“三六训练团”。去年圣诞节那天，我们一起给师父过生日，师父很开心，第一次见他喝了那么多酒（师父平日几乎滴酒不沾）。酒过三巡，师父还带我们一起畅想如何把“三六训练团”做得更好、更强、更有趣。那一天，大家都喝多了，都很开心。

我和师父应该算得上是忘年交了，估计很多师兄弟都不知道由来。师父平时训练时喊我“律师”，向人介绍我的时候称“大律师”，随便聊天的时候叫我“需聪”，有时口误会叫成“思聪”，遇到开心的时候也会简称“聪”……反正，称号很多，叫什么主要看师父的心情。师父很喜欢跟我聊天，每次打拳前热身的时候，训练结束后休息的时候，不训练时见面的时候，天南地北、国内国外、人生经验、社会冷暖，我们俩总有聊不完的话题。记得去年中秋节前的一个晚上，我去武馆看望师父，我们师徒二人在武馆门口路边的藤椅上半躺着聊了很久，聊了很多人、很多事，很开心。可能因为我是律师，师父遇到一些事情时，经常会找我商量一下，我在与师父的交流中学到了很多人生经验与人生智慧。在与师父相处的这6年里，我在他身上看到了人性的光芒，看到了正义的力量，看到了一个垂垂老者对中国武术和徒弟、徒孙们的无限期望。

师父住院期间，正值疫情，医院不让探视，我只能偶尔在微信视频里问候一下。只有一次，在师父出了几天院、重新入院的间隙，铭哥安排我们几个徒弟见了师父一面。那天，师父脸色蜡白，紧紧握着我的手，用极其微弱而低沉的声音对我说："徒弟，师父成了无用之人啊！"我当时除了眼睛模糊竟无言以对，突然感到一阵钻心的痛。

师父从生病到离开只有两个月的时间，走的那天，我们在青岛的徒弟都去了，见了他最后一面，送了他最后一程。

今天，师父离开我们一百天了，我们一起送他入土为安。除了思念还是思念，与泪水为伴。我突然想：余生，一定要与自己喜欢的人多相见、多相伴，因为一旦离开，唯剩思念。

曹茂恩与徒弟程耀世

曹茂恩与徒弟张振刚及徒孙张圣杨、张嘉柯

曹茂恩与徒弟徐晓艳

曹茂恩与徒弟孙凯祥

第四节 传承

首届“茂恩杯”搏击比赛现场

首届“茂恩杯”搏击比赛精彩瞬间

MaoEn Fight
Elite Young Fighting
Competition
首届茂恩杯
精英青少年
搏击比赛

青岛市南散打搏击运动协会名誉会长刘钢莅临首届“茂恩杯”搏击比赛现场

青岛市南散打搏击运动协会名誉会长刘钢为获奖运动员颁奖

精英精神 薪火相传 韩星 摄影